Chronologie universelle

Dans la même collection

Guerres et conflits du xxᵉ siècle, Librio n° 651
La Révolution française 1789-1799, Librio n° 696
Histoire romaine, Librio n° 720
L'histoire de France est un jeu, Librio n° 813
Les grands discours de l'histoire, Librio n° 854
Le xxᵉ siècle est un jeu, Librio n° 861
Grand Librio – *xxᵉ siècle*, Librio n° 878
Les grandes inventions de l'histoire, Librio n° 887
Histoire de l'architecture, Librio n° 888
Histoire de la sculpture, Librio n° 889
Grand Librio – *Première Guerre mondiale*, Librio n° 891
Grand Librio – *Histoire des religions*, Librio n° 892
Les grands procès de l'histoire, Librio n° 894
Les grandes énigmes de l'histoire, Librio n° 895
Les grandes batailles de l'histoire, Librio n° 896
Chronologie de la littérature, Librio n° 936
Le Moyen Âge est un jeu, Librio n° 949
L'Antiquité est un jeu, Librio n° 961

Du même auteur

Les grandes dates du xxᵉ siècle, Librio n° 852
Les grands noms de l'histoire, Librio n° 853
Les grandes dates de l'histoire de France, Librio n° 873
Grand Librio – *Histoire mondiale*, Librio n° 994

André Larané

Chronologie universelle

Nouvelle édition augmentée

Librio

Inédit

Sommaire

Préambule : À quoi sert l'Histoire ? 6

I. Préhistoire et haute Antiquité 7

II. Le temps des prophètes
(ve siècle avant J.-C. à 622 après J.-C.) 15

III. Haut Moyen Âge (622-987) 31

IV. Naissance de l'Europe (987-1492) 39

V. Renaissance et Réforme (1492-1688) 51

VI. Le temps des Révolutions (1688-1848) 66

VII. Apogée de l'Europe (1848-1898) 82

VIII. Crise européenne et guerres mondiales (1898-1945) ... 89

IX. L'embellie européenne (1945-2010) 100

Préambule
À quoi sert l'Histoire ?

Si l'on en croit la presse, les journaux télévisés et les hommes politiques, il semblerait que les êtres humains n'aient d'autre préoccupation que consommer et produire : il n'est question que d'augmentation de salaire ou d'impôt, hausse des prix, taux de croissance ou emploi.

L'Histoire nous offre une tout autre vision de l'humanité. Elle nous montre des hommes et des femmes guidés par des passions qui ont pour nom : amour, dépassement de soi, création, curiosité, soif de dignité ou de reconnaissance, appétit de pouvoir. Ces passions sont à l'origine de tous les événements passés ou présents, des guerres et des révolutions, des exploits scientifiques et des chefs-d'œuvre artistiques. Elles guident les quatre-vingts milliards d'êtres humains qui vivent ou ont vécu sur la Terre depuis l'apparition de notre espèce.

Sur les pas d'Hérodote – voyageur grec d'il y a deux mille cinq cents ans qui, le premier, enquêta sur les sociétés humaines –, je vous invite à explorer notre passé commun afin de mieux comprendre ces passions qui, aujourd'hui comme hier, nous entraînent vers des lendemains pleins d'inattendu. Le récit et la chronologie ci-après n'ont d'autre prétention que de vous enseigner ou vous rappeler les repères indispensables.

André LARANÉ

I

Préhistoire et haute Antiquité

En l'espace de quelques millénaires, nos ancêtres ont successivement découvert l'art (Lascaux), l'agriculture puis l'écriture... L'anthropologie récente montre qu'ils ont très tôt renoncé au nomadisme et goûté l'avantage de vivre en société, dans des villages. L'agriculture est venue plus tard, comme une conséquence naturelle de la sédentarisation.

Après les premiers villages et l'agriculture sont apparues à Sumer les premières cités-États, en corrélation avec l'invention de l'écriture. L'Histoire témoigne ainsi d'une progression constante de l'urbanisation, depuis les cités jusqu'à nos métropoles géantes.

L'être humain est apparu il y a un peu plus de trois millions d'années mais les premiers hommes ressemblaient davantage à de grands singes qu'à nous-mêmes. Pendant longtemps, nos ancêtres parcouraient la terre en chassant et en cueillant ce qu'ils trouvaient. Ils utilisaient de grossiers outils en pierre taillée, d'où le nom de *Paléolithique* (Ancien Âge de la Pierre) que nous donnons à leur époque. Ils n'étaient alors pas très nombreux (cent mille tout au plus).

Notre espèce, l'*Homo sapiens*, a moins de cent mille ans. On en a découvert les premiers squelettes dans la grotte de Cro-Magnon, sur les bords de la Dordogne. Ces hommes de Cro-Magnon ont laissé de remarquables témoignages de leur art rupestre dans les grottes de Lascaux (Dordogne) ou d'Altamira qui remontent au début des grandes glaciations, il y a dix-huit mille ans.

100000 BP (*Before Present* ou avant notre époque) : apparition de l'*Homo sapiens*

16000 avant J.-C. : grottes de Lascaux (Dordogne)

Les grandes glaciations ont permis à des Asiatiques de franchir à pied le détroit de Béring recouvert par la banquise et d'occuper le continent américain. Ainsi s'est achévé le peuplement de toutes les terres émergées.

Premiers villages

8000 avant J.-C. : naissance de l'agriculture au Proche-Orient

Il y a dix mille ans, au Moyen-Orient, tout change brusquement. Cette vaste région (aujourd'hui l'Égypte, Israël, la Palestine et la Jordanie, le Liban, la Syrie, la Turquie et l'Irak) se couvre à perte de vue de graminées et de céréales. Ses habitants n'ont plus besoin de beaucoup se déplacer pour trouver leur nourriture. Aussi choisissent-ils de se grouper dans de petits villages. Au fil du temps, ils prennent l'habitude de semer des graines près de leurs maisons. C'est ainsi que naît l'agriculture. Les villageois conviennent que, dans chaque champ, la récolte appartient à celui qui a semé les graines. Dans chaque village, ils désignent un chef et un conseil pour arbitrer les querelles de propriété.

3000 avant J.-C. : naissance de l'écriture à Sumer (Mésopotamie)

Petit à petit se mettent en place des institutions et des lois semblables aux nôtres. Grâce au supplément de bien-être apporté par la sédentarisation et l'agriculture, la population de la planète croît rapidement jusqu'à atteindre dix millions d'habitants.

Artisanat et premières villes

Au bout de quelques milliers d'années, les pluies se faisant plus rares, les agriculteurs du Moyen-Orient se concentrent sur un territoire en forme de croissant que nous appelons pour cette raison *Croissant fertile*. Dans ce *Croissant fertile*, de grands fleuves favorisent l'irrigation des champs et compensent la raréfaction des pluies.

Ces fleuves sont :
— le Nil, qui traverse l'Égypte,
— le Jourdain, qui baigne la Palestine,
— le Tigre et l'Euphrate dont le bassin forme la Mésopotamie (aujourd'hui l'Irak).

Dans leurs vallées vont naître les premières grandes civilisations humaines. Les paysans font appel à des artisans pour leur fournir les outils, les poteries et les vêtements dont ils ont besoin. Ces artisans fabriquent des outils en pierre polie, d'où le nom de *Néolithique* (Nouvel Âge de la Pierre) donné à leur époque.

Avec la multiplication des artisans, les villages grandissent et deviennent de vraies villes de plusieurs dizaines de milliers d'habitants. Les premières villes apparaissent dans une région appelée Sumer, au sud de la Mésopotamie, autour de la ville actuelle de Bassora. L'une d'elles, Our, est connue pour avoir donné naissance à Abraham, l'ancêtre du peuple hébreu ou juif, si l'on en croit la Bible.

Naissance de l'écriture

Pour dénombrer leurs troupeaux, leurs récoltes et leurs biens, les habitants de Sumer représentent avec une tige de roseau des nombres et des images (vaches, maisons, pots...) sur des tablettes en argile humide. Les plus habiles simplifient les dessins pour écrire plus vite. Ils ne représentent pas seulement les objets mais aussi les sons par un signe. C'est ainsi que naît la première écriture à Sumer, il y a cinq mille ans (soit trois mille ans avant J.-C.). À peu près à la même époque apparaît la métallurgie. L'humanité entre timidement dans l'*Âge des Métaux*. Elle n'en est pas encore sortie.

Grâce à l'écriture, les rois qui gouvernent les premières villes transmettent plus facilement leurs ordres à leurs administrés. Leur autorité s'accroît et l'on assiste à la naissance de véritables cités-États avec une administration efficace et des sujets obéissants. C'est la fin de la Préhistoire et le début de l'Histoire ! « L'Histoire commence à Sumer », dit l'historien Samuel Kramer.

3000 avant J.-C. : apparition de la métallurgie du cuivre dans la vallée de l'Indus

2500 avant J.-C. : le panneau de la paix (Our)

Pendant plus de deux mille ans, l'Orient va utiliser l'écriture inventée par les Sumériens, que nous appelons *cunéiforme* parce que ses signes ressemblent à des clous ou des coins (*cuneus* en latin).

Vers 1200 avant J.-C., des commerçants de Phénicie (Liban actuel) inventent une écriture très simple, à base de vingt signes phonétiques seulement, destiné à faciliter leurs échanges avec leurs clients de toute la Méditerranée. C'est le premier alphabet.

La haute Antiquité

En Afrique, le Sahara, vaste savane parcourue par de nombreux troupeaux, se transforme en désert vers 6500 avant J.-C. Son assèchement isole l'Afrique centrale du reste du monde. Aussi les sociétés africaines ne vont-elles de longtemps dépasser le stade du Néolithique, ignorant l'écriture et ne connaissant d'autre source de richesse que la possession d'esclaves... et de femmes.

Les habitants du Sahara cherchent leur survie en se regroupant sur les bords du Nil. Né dans les montagnes d'Éthiopie, le fleuve coule vers la Méditerranée, au nord, en traversant le désert sur plus de mille kilomètres. Tous les ans, en septembre, gonflé par la fonte des neiges d'Éthiopie, le Nil sort de son lit et inonde sa vallée. En se retirant, au mois de décembre, il laisse dans la vallée un limon très fertile.

Les paysans arrivent très vite à tirer le meilleur parti des crues du fleuve. Ils obtiennent en un temps record d'abondantes récoltes de céréales grâce à des règles strictes pour le partage des terres et l'entretien des canaux d'irrigation et de drainage. Le roi devient le garant de l'ordre social indispensable à la gestion des crues. Il est assisté par de nombreux fonctionnaires et des scribes sélectionnés pour leur maîtrise de l'écriture. Comme les hommes de cette lointaine époque ignorent la monnaie, c'est en nature (blé, bétail...) que les fonctionnaires collectent les impôts auprès des paysans pour développer les infrastructures.

Ainsi naît l'Égypte, le premier État de l'Histoire. Le voyageur grec Hérodote, le découvrant sur son déclin, a pu écrire avec justesse : « L'Égypte est un don du Nil. »

Une exceptionnelle stabilité

La vallée du Nil est unifiée sous l'autorité d'un roi unique, le pharaon, vers l'an 3100 avant J.-C. On estime qu'elle est alors peuplée de un million et demi à cinq millions d'habitants, ce qui est beaucoup au regard des techniques disponibles (aujourd'hui, le pays compte environ soixante-dix millions d'habitants).

Pendant la crue du fleuve, quand il est impossible de travailler dans la vallée, les paysans se mettent au service de l'administration royale. Ils construisent des temples comme celui de Karnak, des palais et des tombeaux... dont les fameuses pyramides de Gizeh, plus grands monuments construits de main d'homme. Elles se dressent sur un plateau désertique, au-dessus du Caire et près de l'ancienne capitale de la Basse-Égypte, Memphis.

Le ciment de l'ancienne Égypte est la religion. À l'origine, chaque cité avait ses propres divinités. Avec l'émergence d'un État centralisé, ces divinités sont réunies dans une cosmogonie commune. De la sorte, tous les habitants en viennent à partager la même vision de la création du monde, avec une place privilégiée pour Rê (plus tard appelé Amon), le dieu-soleil qui dispense la vie sur la Terre. Sa domination sur les autres dieux du panthéon égyptien fait dire à certains historiens que la religion des pharaons était plus proche du monothéisme que du polythéisme.

Une très longue Histoire

Protégée par son isolement, entre le désert et la mer, l'Égypte des pharaons a perduré comme État indépendant pendant vingt-cinq siècles en conservant les mêmes coutu-

3000 avant J.-C. : unification de l'Égypte

2650 avant J.-C. : construction des pyramides de Gizeh (Égypte)

1292 à 1213 avant J.-C. : règne du pharaon Ramsès II

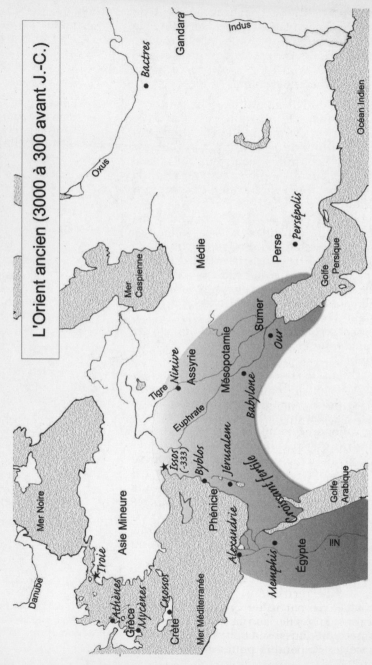

L'Orient ancien (3000 à 300 avant J.-C.)

Source : André Larané, Herodote.net

mes, les mêmes croyances et la même langue. Aucun autre État, même la Chine, n'a encore réussi semblable performance ! Trente dynasties de pharaons se sont succédé de l'an 2635 à l'an 30 avant J.-C. (suicide de Cléopâtre, dernière reine d'Égypte), troublées de temps à autre par des invasions.

Les pyramides de Gizeh remontent aux premières dynasties. Beaucoup plus tard sont apparus d'illustres souverains, comme la reine Hatchepsout, qui cultiva la paix et la prospérité, et le pharaon Ramsès II, dont nous pouvons encore contempler la momie. On doit à Ramsès II le temple d'Abou-Simbel, qui célèbre l'une de ses victoires.

Babylone et Ninive, impitoyables rivales

L'Égypte ne reste pas longtemps seule ! Les cités-États de la Mésopotamie se regroupent sous l'égide de l'une d'elles, Babylone (près de l'actuelle Bagdad). Babylone atteint son apogée sous le long règne d'Hammourabi (1792-1750 avant J.-C.). Ce conquérant est aussi le premier législateur de l'Histoire. Pour homogénéiser les lois dans son vaste empire, il conçoit un code de deux cent quatre-vingt-deux articles dont une copie, sur une stèle de basalte, est conservée au musée du Louvre.

vers 1750 avant J.-C. : le code d'Hammourabi (Babylone)

Le Moyen-Orient passe ensuite sous la coupe des Assyriens, dont la capitale, Ninive, se situe dans le Kurdistan actuel. L'Assyrie atteint son apogée sous le règne d'Assourbanipal, mille ans après Hammourabi. Assourbanipal étend son empire jusqu'au Nil. Mais, vingt ans après sa mort, l'Assyrie s'effondre et à sa place renaît... Babylone, plus prospère que jamais.

721 avant J.-C. : Sargon II, roi d'Assyrie, met fin au royaume d'Israël

Nabuchodonosor, roi de Babylone, s'empare de Jérusalem, ville sainte des Hébreux. Une partie de ces derniers sont contraints de s'exiler sur les bords du Tigre. Le roi embellit aussi sa capitale. Il construit des jardins suspendus pour son épouse et

13

rénove la ziggourat, une tour qui a inspiré le mythe biblique de la *tour de Babel* (Babel est une déformation phonétique de Babylone).

Cyrus fonde l'Empire perse

16 mars 597 avant J.-C. : prise de Jérusalem par Nabuchodonosor, roi de Babylone

Vingt ans après la mort de Nabuchodonosor, la Babylonie s'effondre à son tour sous les coups portés par un nouveau venu, Cyrus, « Roi des Rois », empereur des Mèdes et des Perses. Cyrus réduit Babylone au rang de capitale provinciale et permet aux Hébreux de regagner leur pays.

539 avant J.-C. : Cyrus fonde l'Empire perse

La Perse est le premier empire à vocation universelle. Son fondateur, Cyrus le Grand, soumet presque tous les peuples du Moyen-Orient à son autorité en respectant leurs dieux et leurs coutumes. Cela lui vaut d'être souvent accueilli en libérateur.

Darius Ier poursuit sa politique. Il fonde une nouvelle capitale, Persépolis, dont les ruines témoignent encore de la splendeur et de l'ancienneté de la civilisation perse (ou iranienne). Mais il éprouve des déboires avec un petit groupe de cités belliqueuses des bords de la mer Égée. De celles-ci l'Histoire se souviendra bien plus que de la grande Perse...

II

Le temps des prophètes
(Vᵉ siècle avant J.-C. à 622 après J.-C.)

L'Antiquité classique coïncide avec la naissance de la plupart des grandes religions et systèmes philosophiques qui guident aujourd'hui encore nos destinées.

Cela commence au VIᵉ siècle avant J.-C. avec la naissance en Inde d'un prince du nom de Siddharta Gautama. Il reste dans les mémoires sous le nom de Bouddha (l'Illuminé) en référence à l'Illumination reçue en 525 avant J.-C. En Chine, à la même époque, vivent Laotseu (mort en 517 avant J.-C.), fondateur du taoïsme, et Confucius (555-479 avant J.-C.), dont les préceptes moraux régissent encore la vie des Chinois.

En Perse, un prophète appelé Zarathoustra (ou Zoroastre), né vers 660 avant J.-C., énonce la doctrine du mazdéisme, qui a inspiré les religions monothéistes. Des prophètes se lèvent aussi chez les Hébreux en exil à Babylone. De retour en Palestine, ils reconstruisent le Temple de Jérusalem détruit par Nabuchodonosor et, vers 440 avant J.-C., font de la Bible la loi de leur communauté.

Au cours des siècles suivants, la philosophie et la raison s'épanouissent au pied de l'Acropole d'Athènes, avec Socrate, Platon ou encore Aristote. Sous le règne de l'empereur romain Tibère, un Juif de Galilée se présente comme le Fils de Dieu. Il est à l'origine du christianisme, dont près d'un tiers de l'humanité est aujourd'hui l'héritière. Le temps des prophètes se clôt avec la prédication de Mahomet dans le désert d'Arabie. Sa religion, l'islam, s'est imposée dans une grande partie du Vieux Monde, de l'Atlantique au Pacifique, et guide aujourd'hui plus d'un homme sur cinq.

vers 2000 avant J.-C. : début de la civilisation minoenne en Crète

vers 1425 avant J.-C. : destruction du palais de Cnossos, début de la civilisation mycénienne

1ᵉʳ juillet 776 avant J.-C. : premiers jeux Olympiques

Les origines de la Grèce

La Grèce classique s'est épanouie dans les cités grecques des bords de la mer Égée. Elle puise son inspiration en Crète, une île de la Méditerranée qui donna naissance à une civilisation dite *minoenne*, du nom de Minos, un roi légendaire. Les Minoens vénéraient des divinités féminines et accordaient aussi dans leur culture une place particulière au taureau (d'où la légende grecque du Minotaure, un monstre mi-homme, mi-taureau). Comme les anciens Égyptiens et les Étrusques, un peuple de la péninsule italienne, ils pratiquaient peu l'esclavage et respectaient une relative égalité entre les hommes et les femmes.

La guerre de Troie

La société minoenne est bouleversée par l'invasion des Achéens. Ceux-ci bâtissent une nouvelle et grande civilisation en Grèce continentale et en Crète. En témoignent des ruines cyclopéennes, notamment à Mycènes, dans le Péloponnèse. Vers 1200 avant J.-C., une guerre met aux prises quelques cités achéennes et la cité de Troie. De cette guerre obscure, contemporaine du pharaon Ramsès II et de Moïse, il nous reste la plus grande épopée de tous les temps, écrite bien plus tard par Homère : l'*Iliade* et l'*Odyssée* (d'après *Ilion*, autre nom de Troie, et *Odysseus*, autre nom du héros Ulysse).

Après les Achéens surgissent les Doriens, autrement plus brutaux. Avec eux, la Grèce et la Crète plongent dans une période sombre dont elles ne sortent que lentement. Une nouvelle société émerge, avec la poésie d'Homère, les jeux Olympiques, un nouvel alphabet inspiré de celui des Phéniciens et l'invention de la monnaie ! Des savants comme Pythagore, et plus tard Thalès et Euclide, jettent les bases des mathématiques.

L'émergence de la démocratie

Dans les cités grecques, les rivalités entre les possédants et les autres hommes libres se concluent au VIIe siècle avant J.-C. par des arbitrages qui vont donner naissance à une première forme de démocratie.

C'est ainsi qu'à Athènes Dracon instaure une loi commune assez dure pour convaincre chacun de renoncer à tirer lui-même vengeance des affronts faits à son clan... d'où l'adjectif *draconien* qui désigne une disposition très sévère. Son œuvre est complétée par Solon, qui répartit les citoyens d'Athènes en quatre classes selon leur richesse, avec des droits et des obligations propres à chacune. Un troisième réformateur, Clisthène, achève de jeter les bases de la démocratie athénienne. Celle-ci est ouverte à tous les hommes libres de plus de dix-huit ans.

Athènes triomphe des Perses

La démocratie, qui rend les hommes solidaires de la Cité, est mise à l'épreuve avec l'irruption des Perses. Sous le commandement de Darius, ils débarquent dans la plaine de Marathon au nombre de plusieurs dizaines de milliers. Les citoyens athéniens ne se démontent pas. Ils chargent les intrus au pas de course. Les Perses rembarquent dans le désordre cependant qu'un soldat grec prend sur lui de courir jusqu'à Athènes pour annoncer la victoire dans un ultime soupir. Son exploit est à l'origine de l'épreuve moderne du *marathon*.

À Persépolis, la défaite passe mal. Xerxès, fils de Darius, tente de prendre sa revanche dix ans plus tard. Son armée traverse l'Hellespont, qui sépare l'Europe de l'Asie (le détroit du Bosphore). Mais elle perd un temps précieux dans le défilé des Thermopyles, où lui résistent jusqu'à la mort six cents guerriers spartiates commandés par le général Léonidas. Quand les Perses arrivent enfin à Athènes, c'est pour y trouver une cité

621 avant J.-C. : lois de Dracon à Athènes

594 avant J.-C. : Solon devient archonte à Athènes

490 avant J.-C. : victoire terrestre des Athéniens sur les Perses à Marathon

480 avant J.-C. : victoire navale des Athéniens sur les Perses à Salamine

17

vidée de ses habitants. À l'instigation de Thémistocle, les citoyens athéniens ont pris la mer et c'est sur les flots, près de l'île de Salamine, qu'ils remportent une victoire décisive en anéantissant la flotte perse. Le poète Eschyle a chanté en des termes immortels cette victoire, premier témoignage de la supériorité des démocraties sur les despotes quels qu'ils soient, de Xerxès à Hitler.

476 avant J.-C. : Athènes rassemble la Grèce dans la ligue de Délos

La défaite des Perses inaugure le grand siècle d'Athènes. Ce ve siècle avant J.-C. est appelé *Siècle de Périclès*, du nom du principal dirigeant de cette époque. Périclès fait reconstruire l'Acropole, la colline sacrée ravagée par les Perses, avec le concours du sculpteur Phidias. Le résultat suscite encore l'admiration malgré les ravages du temps.

461 à 431 avant J.-C. : Périclès stratège d'Athènes

De grands dramaturges, Eschyle, Euripide, Sophocle, transforment les cérémonies religieuses, avec un chœur et un récitant, en pièces de théâtre à part entière. La pensée rationnelle se développe. Face aux mystères de la nature, les historiens Hérodote et Thucydide, et plus tard le savant Aristote, ne se contentent pas de chercher des explications dans les mythes. Ils réfléchissent, raisonnent et vérifient par l'expérience la validité de leurs conclusions.

Alexandre le Grand et l'hellénisme

Les Grecs sont eux-mêmes la cause de leur malheur. Ils s'engagent dans une guerre fratricide et après trente ans de rebondissements, Athènes est vaincue par Sparte, grande cité du Péloponnèse. La démocratie sombre alors dans les rivalités de clans. La suite n'est plus qu'un long déclin jusqu'à l'avènement d'un héros. Sans doute le plus grand que l'Histoire ait connu...

449 avant J.-C. : paix de Cimon entre les Athéniens et les Perses

Alexandre le Grand, né en 356 avant J.-C., est l'héritier d'un petit royaume, la Macédoine. Il est éduqué par Aristote en personne et, à dix-huit ans, il soumet la Grèce puis gagne l'Asie.

Trois batailles mythiques ont raison du grand roi des Perses : le Granique, Issos et Gaugamèles. Non content d'avoir conquis la Perse, Alexandre songe à atteindre l'extrémité du monde ! Il traverse l'Indus et entame la guerre contre des princes hindous. Mais ses hommes sont las et l'obligent à prendre le chemin du retour.

Le conquérant engage le pari de réunir Grecs, Macédoniens et Perses en un seul peuple. Au cours d'une cérémonie grandiose, plusieurs milliers de ses hommes épousent des princesses perses (lui-même donne l'exemple en épousant la belle Roxane). Puis Alexandre le Grand s'établit à… Babylone et rend à l'auguste cité son rang de capitale. C'est là qu'il est frappé par la maladie. Il meurt au sommet de la gloire à trente-trois ans ! Ses généraux aussitôt se partagent les conquêtes.

Résultat surprenant de l'épopée d'Alexandre : la culture grecque, bien que déclinante, va se développer dans tout le bassin méditerranéen sous le nom d'*hellénisme*. De l'Afrique du Nord à la Mésopotamie, la langue grecque va devenir la langue usuelle des échanges jusqu'à la conquête arabe, mille ans plus tard. C'est en grec que s'expriment César, Auguste… et les évangélistes.

333 avant J.-C. : victoire à Issos d'Alexandre le Grand sur les Perses

13 juin 323 avant J.-C. : mort d'Alexandre le Grand (trente-trois ans) à Babylone

Inde : unité éphémère

Peu après qu'Alexandre eut effleuré le vaste sous-continent indien, celui-ci est pour la première fois unifié sous la férule de l'empereur Açoka.

Converti au bouddhisme, Açoka n'en respecte pas moins les traditions religieuses brahmaniques (ou hindouistes). Mais, après sa mort, l'Inde retombe très vite dans les divisions. Elle ne retrouvera son unité qu'avec la conquête anglaise, deux mille ans plus tard.

274 avant J.-C. : avènement de l'empereur Açoka

Chine, naissance d'une Nation

Le IIIe siècle avant J.-C. voit l'émergence aux extrémités de la Terre de deux empires autrement plus durables que celui

247 avant J.-C. : avènement de Zhen Ying, premier empereur chinois

d'Alexandre. Le premier est l'Empire chinois. Il doit sa naissance à un homme d'exception, Zhen Ying, qui est connu dans l'Histoire sous le nom de Qin Shi Huangdi (*Premier empereur Ts'in*). Zhen Ying monte sur le trône d'un petit royaume à l'âge de treize ans. À vingt et un ans, il entreprend de réduire tous les royaumes rivaux qui se partagent la Chine du Nord. Il y réussit en une dizaine d'années.

214 avant J.-C. : Zhen Ying annexe à la Chine le sud du Yangzi Jiang

Afin d'empêcher de nouvelles scissions, l'empereur unifie l'administration, la monnaie, les systèmes de mesure et surtout l'écriture (en Chine, où l'on parle encore aujourd'hui de multiples langues, les idéogrammes restent le principal facteur d'unité). Il fait aussi brûler les livres anciens et persécute les disciples de Confucius, Lao-tseu et Mencius, qui cultivent la nostalgie du régime antérieur. Il fait creuser des canaux d'irrigation pour prévenir sécheresses et famines. Beaucoup sont encore en service.

Pour protéger le pays contre les Mongols, Zhen Ying réunit en une ligne continue les fortifications éparses des confins septentrionaux. C'est ainsi qu'au prix d'efforts immenses la Chine se dote de la *Grande Muraille*, le plus long monument créé de main d'homme (5 000 km). Zhen Ying envoie également une armée au sud du fleuve Yangzi Jiang et procède à des échanges massifs de populations pour introduire la culture chinoise dans la région. La Chine, auparavant limitée au bassin céréalier du fleuve Jaune, va étendre son emprise dans les régions méridionales au climat tropical, aux collines boisées et aux vallées rizicoles.

203 avant J.-C. : Lieou Pang fonde la dynastie des Han

Obnubilé à la fin de sa vie par la quête de l'immortalité, l'empereur se fait construire un fabuleux tombeau où il est inhumé en compagnie de... sept mille soldats en terre cuite grandeur nature. Ce tombeau a été découvert en 1974, près de la ville de Xian, pour notre plus grand bonheur.

La mort du *Premier empereur Ts'in* est suivie de graves troubles et il faut attendre huit ans avant qu'un aventurier du nom de Lieou Pang ne rétablisse l'ordre. Le nouvel empereur consolide l'œuvre de son prédécesseur. Sa dynastie, les *Han*, va régner sur la Chine pendant quatre siècles et les Chinois lui en gardent une telle reconnaissance qu'aujourd'hui encore ils se dénomment officiellement « fils des Han » ou « Han » tout court.

9 à 20 de notre ère : Wang Mang gouverne la Chine selon les principes de Confucius

Triomphe de la république romaine

Pendant ce temps, dans le bassin méditerranéen, s'affrontent deux cités l'une et l'autre promises à un grand destin : Rome et Carthage.

Carthage, près de l'actuelle Tunis, en Afrique du Nord, a été créée par des marchands venus de Phénicie (le Liban actuel). Elle s'est enrichie grâce au commerce maritime. Comme la plupart des cités-États de cette époque, elle est dirigée par une assemblée, le sénat, où se retrouvent les représentants des principales familles. Rome, au centre de la péninsule italienne, est aussi une république dirigée par un sénat. Sa fière devise s'affiche sur tous ses monuments : SPQR, ce qui veut dire *senatus populusque romanus* (le sénat et le peuple romain). Elle a peu à peu imposé son hégémonie sur toute la péninsule italienne.

21 avril 753 avant J.-C. : fondation de Rome selon la légende

509 avant J.-C. : Rome chasse les rois étrusques et devient une république

Le conflit entre les deux cités éclate à propos de la Sicile. Rome, pour l'occasion, s'initie au combat naval. En un quart de siècle, elle sort victorieuse de cette première guerre dite *punique*, d'après l'autre nom donné aux Carthaginois. La Sicile devient la première province de Rome.

Désireux de prendre une revanche, le général carthaginois Hamilcar conquiert l'Espagne avec son fils Hannibal. C'est le début de la deuxième guerre punique. Hannibal franchit les Alpes avec ses soldats et

241 avant J.-C. : victoire navale de Rome devant les îles Aegates et fin de la première guerre punique

2 août 216 : victoire d'Hannibal sur les Romains à Cannes

21

ses éléphants. À Rome, on se prépare au pire. Mais le général, malgré son immense talent de stratège, est bientôt obligé de se replier. Il est finalement écrasé près de Carthage.

146 avant J.-C. : Scipion Émilien détruit Carthage

La troisième guerre punique, cinquante ans plus tard, est presque une formalité. Elle se solde par la ruine définitive de Carthage. Entre-temps, Rome est devenue sans qu'il y paraisse la première puissance du monde méditerranéen. Elle a réduit à l'état de provinces l'Espagne, la Grèce ainsi que l'Afrique (nom donné à la région de Carthage et plus tard étendu à l'ensemble du continent).

Rome, de la république à l'Empire

Hélas, on ne gouverne pas un empire de la même façon qu'une cité-État. Le sénat romain s'en rend très vite compte. Il doit faire face à la montée des revendications de la plèbe, autrement dit les hommes libres mais pauvres qui affluent dans la Ville. Pendant un siècle, Rome est la proie de guerres civiles cruelles opposant les réformateurs aux partisans de l'immobilisme. Plusieurs généraux prestigieux tentent de réformer les institutions, de Marius à Pompée en passant par Sylla. C'est finalement Jules César qui emporte la mise.

133 à 121 avant J.-C. : réformes sociales des Gracques à Rome

106 avant J.-C. : instauration d'une armée de métier par le général romain Marius

Nommé dictateur à vie, César réforme l'administration à marches forcées et met en place un mode de gouvernement qui durera environ six siècles. Il a inspiré beaucoup de souverains modernes qui lui ont emprunté son nom (*tsar* en russe, *Kaiser* en allemand). Nous lui devons un calendrier désormais universel. Le mois de juillet rappelle son prénom, Jules, et le mois d'août celui de son héritier, Auguste. Dandy friand de plaisirs en tout genre, César fut aussi un excellent communiquant. Ses *Commentaires de la guerre des Gaules* sont un chef-d'œuvre aussi palpitant qu'agréable à lire.

52 avant J.-C. : victoire de Jules César sur Vercingétorix à Alésia

11 janvier 49 avant J.-C. : Jules César traverse le Rubicon et s'empare du pouvoir

Mais à l'instigation de sa maîtresse Cléopâtre, dernière reine d'Égypte, César songe à se doter d'un titre royal pour pérenniser son œuvre. C'est plus que n'en peuvent supporter les sénateurs. Ils l'assassinent de leurs propres mains. Les guerres civiles reprennent et se concluent quinze ans plus tard par le triomphe du jeune Octave, petit-neveu de César. Son rival Antoine se suicide ainsi que sa maîtresse, l'inusable Cléopâtre.

15 mars 44 avant J.-C. : assassinat de Jules César

Octave consolide l'œuvre de son grand-oncle en s'attribuant la totalité du pouvoir mais en se gardant de modifier dans la forme les institutions républicaines. Le sénat, reconnaissant, lui octroie le titre honorifique d'*Auguste*, qui désigne une personne agissant sous de bons auspices. C'est sous ce nom qu'il restera dans l'Histoire, au terme d'un règne des plus glorieux. Notons que sous son règne naît en Palestine, dans une étable, un Juif prénommé… Jésus.

2 septembre 31 avant J.-C. : défaite d'Antoine et Cléopâtre à Actium

16 janvier 27 avant J.-C. : Octave reçoit le titre d'Auguste

Apogée de l'Empire romain

Faute d'un fils, ni Jules César ni Auguste n'ont pu imposer une règle successorale simple à la tête de l'Empire romain et c'est à la faveur d'intrigues de palais ou sous la pression des légions que les nouveaux empereurs vont se succéder. Ce désordre au sommet de l'État n'empêche pas les habitants de jouir d'une paix relative pendant plusieurs siècles, d'où l'expression « *pax romana* » (paix romaine) pour qualifier le principal apport de Rome.

7 avril 30 : crucifixion de Jésus-Christ

8 septembre 70 : les Romains détruisent le Temple de Jérusalem

Dans les deux premiers siècles de notre ère, les légions repoussent les limites de l'Empire jusqu'au Rhin, au Danube et à l'Euphrate. Au sud, le désert les arrête. La mer Méditerranée devient une mer romaine, pacifiée et débarrassée de ses pirates, et les Romains la qualifient avec fierté de *Mare Nostrum* (notre mer).

24 août 79 : Pompéi ensevelie sous les cendres du Vésuve

Rome atteint son apogée au IIe siècle, ou *siècle des Antonins*, du nom d'un empereur de cette époque. La ville compte alors un million d'habitants. L'Empire lui-même en recense cinquante millions, soit autant que

17 mars 180 : mort de l'empereur Marc Aurèle, son fils Commode lui succède

l'Empire chinois des *Han*, tandis que la Terre dans son ensemble en compte environ deux cent cinquante millions.

L'Empire en crise

Après l'assassinat de l'empereur Commode en 197 (voir le film *Gladiator* de Ridley Scott !), les symptômes de crise se multiplient. Les campagnes romaines se dépeuplent du fait d'une dénatalité déjà ancienne. Aux marges de l'Empire, on recrute des Barbares pour combler les effectifs des légions et remettre les terres en culture. L'industrie s'étiole par manque de débouchés. L'État tente de réagir par des réglementations tatillonnes qui ne font qu'aggraver les maux de la société.

212 : édit de Caracalla

La citoyenneté romaine, que les provinciaux avaient à cœur d'obtenir par leurs mérites et leur travail, est accordée d'emblée à tous les hommes libres de l'Empire par l'empereur Caracalla qui y voit le moyen d'engranger quelques taxes supplémentaires.

Aux frontières, les Barbares se font menaçants : Maures en Afrique du Nord, Germains sur le Rhin et le Danube, Parthes en Orient… À Rome, les légions et la garde prétorienne (la garde privée de l'empereur) font et défont les empereurs. La crise atteint son paroxysme quand un empereur est capturé et supplicié par les Perses (260). Dans le même temps, la Gaule se constitue en empire dissident pour résister par ses propres moyens aux Barbares.

1er mars 293 : Dioclétien instaure la tétrarchie

Une succession de généraux originaires d'Illyrie (la Serbie actuelle) et portés à la tête de l'Empire par leurs légions redressent la situation. Rome est ceinturée de remparts et toutes les villes de l'Empire l'imitent l'une après l'autre (c'est seulement treize cent ans plus tard que l'on en viendra à abattre les remparts !).

L'empereur Dioclétien comprend que le gouvernement de l'Empire dépasse désormais les forces d'un seul homme. Impossible

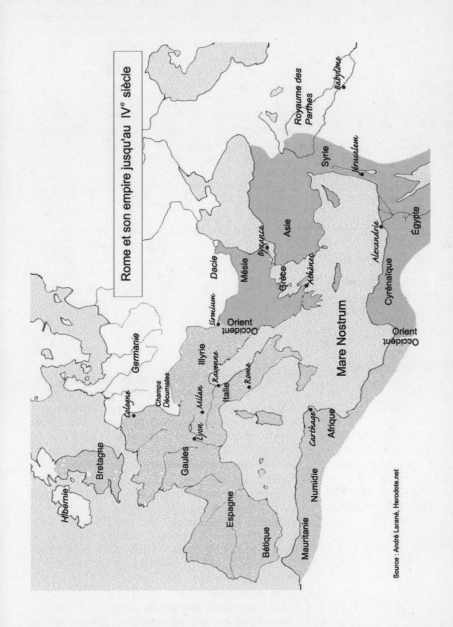

Rome et son empire jusqu'au IVᵉ siècle

Source : André Larané, Herodote.net

d'être partout à la fois ! Il instaure la *tétrarchie*, autrement dit un gouvernement à quatre, chaque coempereur surveillant une partie des frontières. Dans le souci de renforcer la cohésion morale de l'Empire, Dioclétien organise aussi de grandes persécutions contre les chrétiens.

Les disciples de Jésus-Christ, crucifié à Jérusalem près de trois siècles plus tôt, se sont rapidement multipliés dans l'Empire et, au-delà, jusqu'en Inde. Ils cultivent la foi en un Dieu unique et l'espérance en la vie éternelle. Ils prêchent aussi la charité et l'égalité de tous les hommes et de toutes les femmes devant Dieu. Ils tiennent à se distinguer des Juifs, nombreux dans tout l'Empire.

L'administration romaine reproche aux chrétiens de ne pas accepter de rendre un culte à l'empereur et les désigne volontiers comme boucs émissaires en cas de difficultés. Malgré les persécutions, ou à cause d'elles, le christianisme rallie à lui une fraction de plus en plus grande du peuple et des élites romaines.

L'Empire chrétien

L'œuvre de Dioclétien ne survit pas à son abdication. La tétrarchie ou gouvernement à quatre est renversée et l'Empire romain est réunifié sous l'égide d'un seul empereur, Constantin.

Celui-ci déplace la capitale de l'Empire sur le détroit du Bosphore, à proximité des frontières les plus menacées, pour être mieux en mesure de les défendre. La « deuxième Rome » prendra plus tard le nom de l'empereur : *Constantinople* (en grec : *Constantinopolis*, la ville de Constantin). Constantin accorde par ailleurs droit de cité au christianisme et se fait lui-même baptiser sur son lit de mort.

Quelque part dans les steppes d'Asie centrale, des conditions climatiques difficiles ont poussé les rudes nomades de ces régions vers l'Europe aussi bien que vers la Chine.

312 : Constantin met fin aux persécutions contre les chrétiens (édit de Milan)

11 mai 330 : Constantin déplace la capitale de l'Empire romain sur le Bosphore

Menacés par ces nomades (Huns et Turcs), les Germains du centre de l'Europe accentuent leur pression sur les frontières de l'Empire romain. Incapables de leur résister, les empereurs leur concèdent le droit de s'établir avec armes et bagages dans telle ou telle région dépeuplée. Les villes se font peu sûres. Leurs habitants se réfugient dans les campagnes et se mettent sous la protection de riches et puissants propriétaires. La *pax romana* n'est bientôt plus qu'un souvenir.

La religion chrétienne devient pour tous les habitants de l'Empire une source de réconfort et d'espérance. Forte de sa popularité, elle est élevée au rang de religion d'État sous le règne de Théodose (392). À l'heure de mourir, celui-ci partage l'Empire entre ses deux fils. À l'un, l'Orient ; à l'autre, l'Occident. Les contemporains ne se doutent pas que cette séparation sera définitive. Elle se retrouve aujourd'hui encore dans la frontière qui sépare la Croatie de la Serbie.

17 janvier 395 : partage définitif de l'Empire romain entre Orient et Occident

Les invasions barbares

Envahi par les Germains, l'Empire romain d'Occident se fractionne en royaumes barbares. Sur les bords du Rhin dominent les Francs (qui donneront leur nom à la France), dans la plaine d'Alsace, les Alamans (d'où le nom d'Allemagne), sur le Rhône les Burgondes (d'où le nom de Bourgogne), autour de Toulouse les Wisigoths, en Italie les Ostrogoths, en Espagne les Vandales (d'où le nom d'Andalousie).

31 décembre 406 : les Barbares franchissent en masse le Rhin

Rome est mise à sac par une bande de Barbares (410). Saint Augustin, évêque d'Hippone (aujourd'hui en Algérie), s'émeut de ce drame sans précédent qui affecte la Ville éternelle où les apôtres Pierre et Paul, premiers chefs de l'Église chrétienne, ont été martyrisés. Plus tard, les Huns, sous la conduite d'Attila, font une incursion en Gaule et menacent Lutèce, défendue par sainte Geneviève.

20 juin 451 : Attila est battu aux champs Catalauniques (près de Troyes)

25 décembre 498 : baptême de Clovis à Reims

La situation se stabilise avec un jeune chef franc du nom de Clovis (de son nom dérive le prénom Louis qui sera celui de dix-neuf rois de France). Clovis soumet toute la Gaule des Pyrénées au Rhin et au-delà. Il obtient le soutien du clergé par sa conversion au catholicisme (498), ce qui permettra à sa descendance de dominer l'Occident romain pendant trois siècles.

Naissance d'un Empire byzantin

15 décembre 533 : publication du *Digeste* (recueil des lois romaines)

L'Empire romain d'Orient est relativement ment épargné par les Germains. Il se transforme en un État bureaucratique. À Constantinople, l'empereur prend rang de chef religieux et omnipotent. Il est vénéré de son vivant à la manière des rois orientaux.

27 décembre 537 : consécration de Sainte-Sophie, à Constantinople

Le principal empereur d'Orient est Justinien. Son règne doit beaucoup aux qualités personnelles de son épouse Théodora, fille d'un simple dompteur d'ours et prostituée repentie. Justinien fait construire la basilique Sainte-Sophie, dédiée à la sagesse (*sophia* en grec). Il entame aussi la compilation du droit romain. Cet ouvrage juridique du nom de *Digeste* inspirera les légistes européens et notamment les rédacteurs du Code civil. Nous lui devons une partie de nos lois.

21 mars 547 : mort de saint Benoît de Nursie, fondateur de la règle bénédictine

Après la mort de Justinien, l'Empire d'Orient est soumis à de vives attaques de la part de nouveaux venus au nord, Slaves et Bulgares, ainsi que des Perses, ses ennemis traditionnels. Un général victorieux du nom d'Héraclius revêt la pourpre, symbole de l'autorité impériale. Il transforme l'Empire romain d'Orient en Empire *byzantin* (du nom de Byzance, nom grec de Constantinople). Cet empire perdurera cahin-caha pendant huit siècles.

3 octobre 614 : avènement d'Héraclius, premier empereur byzantin

Héraclius s'épuise à repousser les Bulgares et les Perses et doit s'accommoder de la conquête de la Syrie et de l'Égypte par des intrus que personne n'attendait : des cavaliers arabes guidés par une nouvelle religion, l'islam.

L'islam

À l'écart du monde romain, dans l'oasis arabe de La Mecque, un marchand du nom de Mahomet confie à sa femme qu'il aurait reçu la parole de Dieu (*Allah* en arabe) de la bouche de l'archange Gabriel. Il fait de premiers disciples dans son entourage mais se heurte à l'hostilité des riches Mecquois. Ceux-ci craignent de perdre les revenus des idolâtres qui viennent à La Mecque adorer une célèbre pierre noire. Mahomet et ses disciples s'enfuient dans une oasis voisine qui prend le nom de Médine. De ce jour – l'*Hégire* (d'après un mot arabe qui signifie *émigration*) – date la naissance officielle de l'islam.

Cette religion monothéiste dont le nom signifie en arabe *soumission* (à Dieu) prône des préceptes simples, les *piliers* de l'islam… Son livre de référence est le *Coran*, qui contient la parole de Dieu révélée à Mahomet. Il est rédigé peu après la mort du Prophète à partir des archives de ses disciples.

À Médine, Mahomet et sa petite communauté pillent des caravanes pour assurer leur subsistance. Ils font la guerre aux Mecquois, ce qui vaut au Prophète d'être blessé au combat. Mahomet fait aussi exécuter quelques centaines de Juifs qui s'opposent à sa prédication. Déçu par l'attitude de ces derniers, il prescrit à ses fidèles de ne plus se tourner comme auparavant vers Jérusalem pour la prière mais vers La Mecque. Sur la fin de sa vie, le Prophète peut rentrer en triomphateur à La Mecque et il a la satisfaction de convertir par le glaive toute la péninsule arabe.

Après la disparition de sa première femme, Mahomet a eu plusieurs épouses, dont Aïcha, sa préférée. Elle a neuf ans et le Prophète cinquante ans quand ils se marient. Malgré cela, le Prophète n'a eu que

16 juillet 622 : Mahomet quitte La Mecque pour Médine (Hégire)

8 juin 632 : mort de Mahomet

des filles. Aussi ses fidèles, à sa mort, désignent-ils l'un des leurs pour lui succéder à la tête de la communauté avec le titre de *calife* (d'après un mot arabe qui signifie *remplaçant*). Le calife cumule tous les pouvoirs, séculiers et spirituels.

Fin de l'Antiquité

L'Antiquité s'achève pour de bon quand les premiers cavaliers musulmans quittent la péninsule arabe pour envahir les terres de vieille civilisation que sont l'Empire byzantin et l'Empire perse. En quelques décennies, la religion de Mahomet se répand des Pyrénées aux portes de la Chine. Cet événement majeur coupe en deux moitiés rivales le monde méditerranéen qu'avaient unifié les Romains.

639 : Dagobert partage le royaume des Francs entre ses deux fils

À la même époque, la partie occidentale de l'Empire romain entre dans la période la plus noire de son Histoire. En Gaule et sur le Rhin, les rois mérovingiens qui succèdent à Clovis et Dagobert s'avèrent si insignifiants que la postérité les qualifiera de *rois fainéants*.

septembre 626 : avènement de Tai Zong le Grand

À l'autre extrémité du monde, la Chine se relève d'une longue décadence et des invasions barbares grâce à un nouvel empereur, connu sous le nom de Tai Zong le Grand. Il est à l'origine de la prestigieuse dynastie des *Tang*.

III

Haut Moyen Âge (622-987)

Les historiens appellent Moyen Âge (ou période intermédiaire) la longue période de l'Histoire occidentale qui court de la fin de l'Antiquité à la découverte de l'Amérique (1492).

Le haut Moyen Âge désigne les siècles les plus obscurs de cette période. Il débouche sur la division de l'ancien Empire romain entre trois empires très différents :

— l'Empire byzantin, resté très proche du modèle antique,

— l'Empire arabo-musulman, en rupture avec le passé chrétien de l'Occident,

— l'Empire de Charlemagne, vague réminiscence de l'Empire romain, marqué par ses racines germaniques.

Le haut Moyen Âge se clôt aux alentours de l'An Mille avec l'émergence des États modernes et l'épanouissement en Europe d'une nouvelle civilisation, la nôtre.

La tradition qui désigne l'année 476 comme marquant la fin de l'Antiquité n'a aucune signification historique en dehors de l'Europe occidentale (l'année 476 se signale seulement par la déposition à Ravenne, en Italie, d'un enfant empereur sans pouvoir).

L'Empire arabe

Après la mort de Mahomet, les Arabes profitent des guerres et des querelles qui divisent Perses et Byzantins pour conquérir la Syrie, l'Égypte, la Mésopotamie (devenue Irak) et la Perse elle-même. Ils atteignent les portes de la Chine et l'Afrique du Nord. Les populations se soumettent sans trop de difficultés à ces conquérants qui se contentent de leur imposer un tribut.

20 août 636 : bataille du Yarmouk entre Byzantins et Arabes

642 : bataille de Néhavend entre Perses et Arabes

**10 octobre 680 :
bataille de Kerbela
et scission entre
chiites et sunnites**

**11 juillet 711 :
Tariq débarque en
Espagne**

**30 octobre 749 :
Saffah fonde la
dynastie abbasside**

**15 mai 756 :
naissance de
l'émirat de
Cordoue (Espagne)**

**786-809 : règne du
calife Haroun
al-Rachid**

Une troupe de musulmans, sous la conduite d'un chef dénommé Tariq, traverse le détroit qui sépare l'Afrique de l'Espagne. Le lieu du débarquement prend le nom de *djabal al-Tariq* (la montagne de Tariq), dont nous avons fait Gibraltar. Les envahisseurs s'emparent de l'Espagne et peu après, un prince arabe fonde à Cordoue, en Andalousie, un émirat indépendant.

En Orient, les califes, chefs suprêmes des musulmans, résident d'abord à Damas, capitale de la Syrie. À la faveur d'un changement de dynastie, des Omeyyades aux Abbassides, la capitale se transporte sur les bords du Tigre, non loin de l'antique Babylone, dans une ville nouvelle dénommée Bagdad (*don de Dieu*, en persan). Toutes les richesses du monde méditerranéen affluent vers Bagdad, faisant de cette cité d'un à deux millions d'habitants la plus prestigieuse et la plus grande de son époque.

Bagdad, la ville des Mille et Une Nuits

Carrefour entre les mondes grec, persan et indien, Bagdad atteint son apogée sous le règne du calife Haroun al-Rachid, contemporain de Charlemagne. Elle offre alors l'exemple d'une civilisation raffinée dont les contes des *Mille et Une Nuits* nous conservent le souvenir. Ses commerçants entretiennent des relations avec le monde entier. Ses poètes chantent le vin et l'amour. Ses mathématiciens empruntent aux Indiens la numérotation moderne et le zéro...

Dans tout l'Empire mais aussi dans l'émirat indépendant de Cordoue, en Espagne, et dans le royaume du Maroc, s'épanouit un artisanat prospère. Nous en conservons le souvenir dans les mots *cordonnier* (de Cordoue), *damasquinerie* (de Damas), *maroquinerie* (de Maroc), *mousseline* (de Mossoul)... Les Arabes développent l'irrigation et introduisent de nouvelles cultures en Occident : riz, haricot, chanvre, canne à sucre, mûrier...

Mais l'Empire de Bagdad décline très vite sous l'effet de l'incurie administrative, des injustices sociales, des révoltes d'esclaves et des tensions entre *chiites* et *sunnites*, deux formes rivales de l'islam apparues un demi-siècle après la mort de Mahomet. La prospérité de l'Empire repose en effet sur des bases fragiles : l'oppression de la paysannerie par les dignitaires et l'esclavage.

Les esclaves dans le monde musulman

Les commerçants de Venise font fortune en livrant aux musulmans des prisonniers de guerre originaires des régions slaves de l'est de l'Europe, encore païennes. C'est ainsi que le mot *esclavon* (ou *esclave*), synonyme de slave, se substitue au latin *servus* (que l'on retrouve dans *servile* et *serf*) pour désigner une personne privée de liberté. Mais ce commerce se tarit à mesure que les Slaves se convertissent au christianisme.

Les Arabes se tournent vers l'Afrique noire, où l'esclavage est une institution solidement établie. Le trafic d'esclaves noirs vers l'Orient arabe va prospérer pendant plus d'un millénaire. Il va concerner dix à quinze millions d'individus, soit au moins autant que la traite européenne entre 1500 et 1800. La plupart des esclaves mâles sont émasculés pour empêcher qu'ils ne fassent souche et parce que le réapprovisionnement est facile et bon marché.

De nombreux esclaves noirs travaillent très durement dans les zones marécageuses du sud de l'Irak. N'en pouvant plus d'être maltraités, ils s'insurgent mais leur révolte est réprimée sans concession au prix de cinq cent mille à deux millions et demi de victimes. Cette épreuve ébranle l'Empire arabe.

Un peu plus tard, le calife al-Qadir interdit toute nouvelle interprétation du Coran. C'est un coup d'arrêt brutal au développement de l'esprit critique et aux innovations intellectuelles et scientifiques dans l'Empire arabe.

861 : le calife al-Moutawakkil tué par ses gardes turcs, déclin de l'Empire arabe

869 : révolte des esclaves noirs du bas-Irak, les *Zendj*

1019 : le calife al-Qadir interdit toute nouvelle interprétation du Coran

15 décembre 1055 : le Turc Toghrul Beg s'empare de Bagdad

C'est le début d'un inexorable déclin accéléré par l'irruption des Turcs.

Décadence mérovingienne

25 octobre 732 : Charles Martel défait une troupe arabe près de Poitiers

Tandis que les premiers califes s'emparaient de l'Orient et atteignaient les Pyrénées, l'Occident chrétien sombrait dans la barbarie sous la conduite désordonnée des descendants de Clovis.

Un sursaut se produit avec un chef énergique, Charles Martel, qui arrête une incursion arabe aux environs de Poitiers. Son fils Pépin le Bref devient roi des Francs à la place de l'héritier mérovingien. Et le jour de Noël 800, à Rome, son petit-fils Charles se voit conférer par le pape le titre inédit d'« empereur des Romains ». L'Histoire le connaît sous le nom de Charlemagne (une déformation du latin *Carolus Magnus*, qui signifie Charles le Grand).

771-814 : règne de Charlemagne, roi des Francs puis empereur

Charlemagne et la première Renaissance

15 août 778 : bataille de Roncevaux

Bien qu'illettré, Charlemagne révèle des qualités exceptionnelles comme chef de guerre et plus encore comme administrateur. C'est au point que certains historiens parlent de son long règne comme d'une première Renaissance. À Aix-la-Chapelle, sa capitale, qu'il a choisie en raison d'une source thermale propice à sa santé, il fait venir des moines irlandais et anglo-saxons. Ceux-ci rétablissent l'enseignement du latin et son usage comme langue administrative. On leur doit d'utiliser encore beaucoup de mots d'origine latine dans notre langue de tous les jours. On leur doit aussi notre écriture *caroline* (adjectif dérivé de Charles) avec des lettres attachées.

8 juin 793 : première incursion des Vikings en Occident

Chaque année ou presque, Charlemagne fait la guerre. Il court d'un bout à l'autre de son empire pour repousser les envahisseurs et soumettre les rebelles (Saxons, Lombards, Arabes d'Espagne, Aquitains, Bretons, Croates, Avars du Danube...). Son empire s'étend de l'Elbe (Allemagne) à

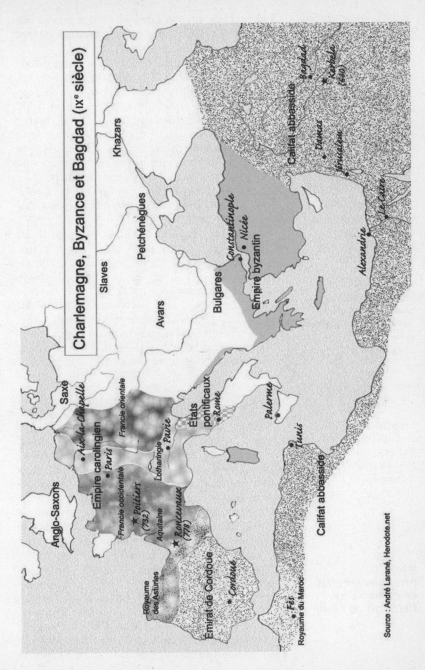

Charlemagne, Byzance et Bagdad (IXe siècle)

Anglo-Saxons
Saxe
Aix-la-Chapelle
Francie orientale
Empire carolingien
Paris
Francie occidentale
Poitiers (732)
Aquitaine
Lotharingie
Pavie
Roncevaux (778)
Royaume des Asturies
Émirat de Cordoue
Cordoue
Royaume du Maroc
Fès

États pontificaux
Rome
Palerme
Tunis
Califat abbasside

Slaves
Petchénègues
Khazars
Avars
Bulgares
Empire byzantin
Constantinople
Nicée

Califat abbasside
Bagdad
Ctésiphon (766)
Damas
Jérusalem
Le Caire
Alexandrie

Source : André Larané, Herodote.net

35

**25 décembre 800 :
le pape confère à
Charlemagne le
titre d'empereur
des Romains**

**14 février 842 :
serments de
Strasbourg,
premiers textes en
« langues
vulgaires »**

**16 juin 877 :
le capitulaire de
Quierzy-sur-Oise
institue l'hérédité
des fiefs**

**11 septembre 910 :
fondation de
l'abbaye de Cluny**

l'Èbre (Espagne). En Italie, il s'arrête du côté de Ravenne, là où commencent les États du pape.

Louis le Pieux, fils de Charlemagne, maintient l'unité de l'Empire. Mais à sa mort, ses trois fils se disputent l'héritage. À Strasbourg (842), Charles le Chauve et Louis le Germanique font serment d'alliance contre le cadet, Lothaire. Le premier s'exprime dans la langue tudesque des soldats de son frère et, réciproquement, le deuxième dans la langue romane. Le tudesque donnera le jour à l'allemand et le roman au français. C'est la première trace que nous avons des langues modernes.

Ces querelles d'héritage surviennent au plus mauvais moment, lorsque font irruption en Occident de nouvelles vagues d'envahisseurs. Les Vikings venus de Scandinavie sèment la terreur le long des grands fleuves (Seine, Loire...). Les Sarrasins s'établissent en Sicile et en Provence. Ils poussent des razzias jusqu'à Rome et dans les Vosges. Les Magyars ou Hongrois, venus de Sibérie, effectuent des chevauchées jusqu'à... Nîmes.

Fin des Carolingiens

Moins d'un siècle après sa fondation, l'empire de Charlemagne est au plus mal. Les héritiers du grand empereur, incompétents, délèguent à chacun de leurs meilleurs guerriers la défense d'une portion du territoire. Ainsi, la plupart des terres passent sous la coupe d'un seigneur qui en perçoit les revenus. En échange d'une participation à la guerre, ces seigneurs obtiennent de leur souverain le droit de léguer leur terre ou *fief* à leur fils aîné.

Dans cette atmosphère de fin du monde émergent les premiers signes d'un renouveau. Il va sans dire que les contemporains n'en ont aucune conscience. En Bourgogne, en un lieu inculte appelé Cluny, une poignée de moines obtiennent du duc d'Aquitaine le droit d'installer une abbaye qui, chose nouvelle, n'aura de comptes à rendre qu'au pape (910). Très vite, les abbés de Cluny acquièrent une autorité morale très forte dans toute la chrétienté occidentale. Ils en usent pour adoucir les mœurs des guerriers et des rois.

Le roi carolingien Charles le Simple conclut un accord avec les Vikings et les établit à l'embouchure de la Seine, dans une région qui va prendre leur nom : Normandie (dérivé de *Northmen*, les hommes du Nord). Les nouveaux venus vont désormais mettre leur énergie au service de la chrétienté. Quant aux Sarrasins établis près de l'actuel port de Saint-Tropez, dans le massif des Maures, ils sont purement et simplement chassés.

911 : traité de Saint-Clair-sur-Epte entre le Normand Rollon et Charles le Simple

Le Ier Reich allemand (962-1806)

De l'autre côté du Rhin, les grands seigneurs, lassés par l'ineptie des héritiers carolingiens, élisent l'un des leurs à leur tête : Conrad de Franconie. Ils lui confèrent le titre de roi. Cette élection marque la naissance de l'Allemagne. Sur son lit de mort, Conrad Ier désigne pour successeur le duc Henri de Saxe, dit l'Oiseleur.

Le fils et successeur de ce dernier, Otton Ier, se porte au-devant d'une bande de Hongrois. Il les défait sur le champ de bataille du Lechfeld, en Bavière. Sa victoire a un immense retentissement dans la chrétienté occidentale. Elle met un terme définitif aux grandes invasions. Désormais, pendant plus de mille ans, l'Europe ne va plus connaître aucune immigration significative d'où que ce soit.

Fort de sa victoire, Otton Ier ne se contente pas du titre de roi d'Allemagne. Il se fait couronner à Rome roi des Romains et... « Empereur et Auguste ». Le Saxon prétend de la sorte restaurer l'Empire carolingien. Comme son père et tous ses successeurs, il tient d'ailleurs à s'asseoir sur le trône de

24 septembre 911 : Conrad roi de Germanie, naissance de l'Allemagne

10 août 955 : Otton défait les bandes hongroises au Lechfeld

2 février 962 : le pape confère à Otton le titre d'empereur

3 juillet 987 : Hugues Capet élu roi de Francie occidentale

960 : Tai-zu rétablit l'unité de la Chine et fonde la dynastie Song

pierre de la chapelle Palatine d'Aix-la-Chapelle, à la place de Charlemagne.

L'empire d'Otton, ou Ier Reich allemand, sera plus tard connu sous le nom de Saint-Empire romain germanique. Napoléon Ier lui donnera le coup de grâce en 1806.

En Francie occidentale, ancien nom de la France, les grands seigneurs suivent l'exemple de leurs homologues d'outre-Rhin. Ils élisent à leur tête l'un des leurs, le comte de Paris, Hugues Capet, et lui confèrent le titre de roi. Les héritiers directs de Charlemagne passent à la trappe. Une page se tourne.

La Chine refait son unité avec les Song

En Chine, où la dynastie des Tang a depuis longtemps laissé la place à la division et à l'anarchie, un guerrier du nom de Tai-zu s'empare du pouvoir en 960. Il restaure l'unité de l'Empire et fonde la grande dynastie des Song.

IV

Naissance de l'Europe (987-1492)

Aux alentours de l'An Mille, dans une Europe en désarroi après l'effondrement de l'Empire carolingien et des derniers vestiges de Rome, des signes discrets préparent l'avènement de la civilisation européenne, la nôtre.

Le Moyen Âge occidental entre dans une phase d'épanouissement dont les cathédrales conservent le souvenir. Nous lui devons aussi nos institutions, y compris les germes de la démocratie parlementaire, un début d'émancipation de la femme et les prémices de la laïcité. Nous lui devons également les bases de notre développement technologique, avec la mise en œuvre à grande échelle des moulins à vent et à eau, de l'arbre à came, de la charrue à roues, de l'assolement triennal. Nous lui devons enfin la naissance du capitalisme et des premières entreprises modernes.

L'An Mille

À la fin de l'époque carolingienne, la papauté et le clergé séculier (curés et évêques) étaient des objets de scandale. Un observateur superficiel aurait pu y voir le signe d'un déclin irréversible.

Pourtant, en l'espace d'un siècle – le XIᵉ –, l'Église catholique va se réformer hardiment sous l'impulsion des abbés de Cluny et des papes. Ce redressement se traduit dans le paysage par la multiplication des clochers et l'épanouissement de l'*art roman*. « Comme approchait la troisième année qui suivit l'an mille, on vit dans presque toute la terre, mais surtout en Italie et en Gaule, rénover les bâtiments des églises ; une émulation poussait chaque communauté chrétienne à en avoir une plus somptueuse que celles des

2 avril 999 : Gerbert d'Aurillac devient pape sous le nom de Sylvestre II

17 juillet 1054 : un envoyé du pape excommunie le patriarche de Constantinople

22 avril 1073 : Grégoire VII devient pape et donne son nom à la réforme de l'Église

28 janvier 1077 : à Canossa, l'empereur d'Allemagne Henri IV feint de se soumettre à Grégoire VII

autres. C'était comme si le monde lui-même se fût secoué et, dépouillant sa vétusté, eût revêtu de toutes parts une blanche robe d'églises », écrit un contemporain, le moine Raoul Glaber.

Des moines avides de culture redécouvrent la science antique à travers des traductions de l'arabe ou du grec, à l'image de l'illustre Gerbert d'Aurillac, qui devient pape sous le nom de Sylvestre II. L'Église intervient dans le droit civil en protégeant les femmes. C'est ainsi que celles-ci ne peuvent être mariées sans leur accord (concile de Latran IV, 1215). Elle s'immisce aussi dans les liens de vassalité qui lient les guerriers entre eux. Elle introduit dans les hommages de vassal à suzerain un serment sur la Bible et des obligations morales. Elle met au pas les guerriers. Elle christianise leurs rites et leur impose – non sans mal – le « service de la veuve et de l'orphelin ». C'est ainsi que s'épanouit une nouvelle élite guerrière, la *chevalerie*.

Malgré son appétit de réformes, la papauté doit très vite reconnaître des limites à ses interventions. Elle ne peut éviter une rupture avec le patriarcat de Constantinople (1054). L'Église catholique romaine et l'Église orthodoxe d'Orient suivent désormais chacune leur voie. Le Saint-Siège s'oppose d'autre part aux empereurs allemands et aux rois de France. Leurs querelles se soldent par un partage des pouvoirs : aux souverains le pouvoir séculier ; au pape le pouvoir spirituel. C'est l'origine de la laïcité, une invention médiévale qui permettra aux Européens de développer leurs talents sans rendre de comptes à l'Église.

Une société nouvelle naît en Occident

Les Empires hellénistique, romain, byzantin ou arabe reposaient sur la domination d'un vaste territoire par une élite militaire. Ils permettaient à celle-ci de développer de puissantes et luxueuses métropoles au détriment du bien-être des paysans. À leur différence, l'Europe médiévale se divise en d'innombrables villages et bourgs qu'aucune métropole ni aucun pouvoir central n'est en état de pressurer.

Les guerriers à cheval se partagent le territoire mais doivent composer avec les droits et les coutumes des communautés paysannes. Ils dépendent de celles-ci pour leur approvisionnement et ne peuvent les piller sans risque pour eux-mêmes.

Les moines procèdent à de nombreux défrichements. Ils implantent des abbayes et des monastères dans des lieux ingrats (Cluny et Cîteaux en Bourgogne ; la Grande Chartreuse dans les Alpes...). Ils réhabilitent le travail manuel mais ils développent aussi l'outillage car ils ont le souci d'alléger leur peine afin de consacrer plus de temps à la prière.

De nombreuses innovations (charrue à roues, assolement triennal) permettent aux paysans d'obtenir des rendements agricoles plus élevés que dans bien des régions actuelles du tiers monde. Les moulins à vent ou à eau se multiplient et introduisent dans les campagnes une première révolution industrielle.

Naissance des États modernes

L'Allemagne est née en 911 sur les ruines de l'Empire carolingien, la France en 987... La plupart des autres États émergent au cours du siècle suivant, en lien avec l'évangélisation des anciennes contrées barbares. Ainsi, en 1001, Étienne Ier devient le premier roi de Hongrie. Il est sacré par le pape Sylvestre II. Le duc de Normandie Guillaume le Bâtard traverse la Manche et renverse l'ancienne dynastie anglo-saxonne. Sa descendance règne encore sur le Royaume-Uni en la personne d'Élisabeth II.

Aussi chanceux est Hugues Capet. Sa dynastie va se perpétuer de père en fils pendant plus de trois siècles. Cet heureux

14 octobre 1066 : Guillaume de Normandie vainc les Anglo-Saxons à Hastings

19 août 1071 : les Turcs écrasent les Byzantins à Malazgerd

41

hasard permet aux rois capétiens de conso-lider peu à peu leur légitimité. Ils n'ont guère de pouvoir et leurs ressources se limi-tent à leurs domaines personnels, entre Paris et Orléans. Mais tels des paysans, ils agrandissent avec patience et ténacité leur *pré carré*. Leur royaume est au cœur de la *chrétienté*, nom que l'on donne alors à l'Europe occidentale.

27 novembre 1095 : le pape Urbain II appelle les chrétiens à délivrer les Lieux saints

Le pape Urbain II se rend en France, à Clermont (aujourd'hui Clermont-Ferrand), pour prêcher la guerre contre les Turcs qui entravent les pèlerinages sur le tombeau du Christ, à Jérusalem, et surtout menacent l'Empire byzantin, dernier rempart de la chrétienté face aux envahisseurs.

15 juillet 1099 : prise de Jérusalem par les croisés

Son appel reçoit un écho inattendu. Les guerriers se rassemblent de toute l'Europe, se rendent à Constantinople puis de là en Asie Mineure où ils défont les Turcs, enfin à Jérusalem dont ils s'emparent et massacrent les habitants. Grâce à cette première *croi-sade*, l'Empire byzantin survivra encore qua-tre siècles et ce sursis providentiel lui permettra de transmettre à l'Occident l'héri-tage grec et hellénistique. Mais les croisés s'entêtent à vouloir s'établir en Palestine. Ils créent des États féodaux (royaume de Jéru-salem, comté d'Édesse...) qui ne survivront qu'un peu plus d'un siècle.

11 juin 1144 : consécration de l'abbatiale de Saint-Denis, au nord de Paris

En France, le renouveau religieux et social se traduit par la consécration de la basilique de Saint-Denis, au nord de Paris. C'est le premier témoignage de l'*art français*, plus tard surnommé avec mépris par Raphaël « art gothique » (autrement dit à peine digne des Goths !). Le maître d'œuvre de la basili-que est l'abbé Suger, fils de paysan devenu à force de travail le principal conseiller du roi. Parmi ses invités à la consécration figu-rent le roi lui-même, Louis VII, et sa femme, Aliénor d'Aquitaine.

Apogée du royaume capétien

Petite-fille d'un duc troubadour, Aliénor aime les arts, les belles-lettres mais aussi la vie en général et… les hommes. Elle ne tarde pas à divorcer de son ennuyeux époux et convole peu après avec le jeune et sémillant Henri Plantagenêt, duc d'Anjou. Or, le hasard des successions et quelques morts accidentelles livrent à Aliénor et Henri la couronne d'Angleterre.

Ils se retrouvent à la tête de l'Angleterre mais aussi à la tête d'immenses domaines en France même : Aquitaine, Anjou, Normandie, Poitou, Touraine… On parle d'un « empire angevin ». Pour le roi de France, c'est une situation très difficile à gérer. Heureusement, son fils et successeur, Philippe II Auguste (ainsi surnommé parce qu'il est né en août), est un homme de trempe, à la différence d'Henri II Plantagenêt et de ses fils, Richard Cœur de Lion et Jean sans Terre. Par la ruse et la force, il s'empare de la plupart des possessions continentales des Plantagenêts.

Jean sans Terre noue une coalition internationale contre Philippe Auguste mais celui-ci défait les coalisés dans une bataille mémorable à Bouvines, près de Lille. Un an plus tôt, à Muret, près de Toulouse, les représentants du roi de France ont aussi battu le comte de Toulouse et le roi d'Aragon sous prétexte d'éradiquer l'hérésie cathare du Languedoc.

Le royaume capétien jouit dès lors d'un immense prestige. La dynastie elle-même entre en odeur de sainteté avec le petit-fils de Philippe Auguste, Louis IX ou Saint Louis. Le roi monte sur le trône à douze ans. Sa mère, l'énergique Blanche de Castille, petite-fille d'Aliénor d'Aquitaine, assure dans un premier temps la régence.

Devenu roi à plein temps, Saint Louis établit une paix durable avec le Midi toulousain et avec l'Angleterre. Il s'acquiert un grand prestige international et les souverains solli-

19 décembre 1154 : Henri Plantagenêt et Aliénor d'Aquitaine souverains d'Angleterre

3 juillet 1187 : victoire de Saladin sur les Francs de Palestine à Hattîn

12 avril 1204 : des croisés livrent Constantinople au pillage

16 juillet 1212 : Pierre II d'Aragon vainc les musulmans à Las Navas de Tolosa

12 septembre 1213 : Pierre II d'Aragon est tué à Muret par les croisés de Simon de Montfort

27 juillet 1214 : victoire de Philippe Auguste à Bouvines

11 novembre 1215 : ouverture du grand concile Latran IV

15 juin 1215 : Jean sans Terre concède la Grande Charte aux barons anglais

25 août 1270 : Saint Louis meurt du typhus devant Tunis

4 décembre 1259 : Saint Louis conclut la paix avec l'Angleterre par le traité de Paris

1192 : Mohammed de Ghor s'empare de Delhi et fonde le sultanat de Delhi

1155-1227 : Gengis Khan

11 avril 1241 : les Mongols atteignent la Hongrie et rebroussent chemin

citent son arbitrage. Aussi jovial que fervent chrétien, il exprime parfaitement l'idéal médiéval et chevaleresque. Capturé en Égypte lors d'une énième tentative de « libérer » le tombeau du Christ, il est traité avec les plus grands égards par ses geôliers. Il meurt du typhus devant Tunis, dont il espérait convertir le sultan !

Comme la France, l'Espagne s'honore d'un saint en la personne de Ferdinand III, roi de Castille et León, contemporain de Saint Louis. Il fonde l'Université de Salamanque. À sa mort (1252), les musulmans ne conservent plus dans la péninsule que le petit royaume de Grenade.

Si l'Angleterre des Plantagenêts n'a pas de saint roi, elle a peut-être mieux avec la *Grande Charte*. Par ce texte signé en présence de ses barons, le roi Jean sans Terre s'engage à ne pas lever d'impôts extraordinaires sans l'accord d'un Grand Conseil. Il s'engage aussi à ne pas procéder à des arrestations arbitraires. La postérité verra dans la Grande Charte, conservée au British Museum de Londres, l'amorce de la démocratie moderne.

Les Mongols

Quand s'achève le XIIIe siècle, de solides États se sont constitués à la pointe de l'Europe mais le reste du monde affiche une situation autrement plus troublée.

En Inde, un chef afghan de confession musulmane, Mohammed de Ghor, profite des disputes entre les princes hindous pour conquérir le bassin du Gange, détruire la brillante civilisation locale et fonder le sultanat de Delhi. Bien que dominateurs, les musulmans n'arriveront jamais à convertir une fraction notable des hindous à leur foi.

En 1206, les tribus mongoles qui nomadisent dans les steppes d'Asie centrale s'unissent autour d'un chef du nom de Temüdjin et lui donnent le titre de Gengis Khan (*roi universel* en mongol). Gengis Khan met en branle ses guerriers. Il les guide vers l'est (la Chine) comme vers l'ouest (la Perse, l'Empire arabe et l'Europe). Gengis Khan et ses successeurs brûlent les villes et massacrent les populations sur leur passage.

La Chine des Song est ravagée par les Mongols et un petit-fils de Temüdjin, du nom de Kubilay Khan, s'installe à Pékin. Il adopte rapidement la culture chinoise et fonde une nouvelle dynastie. La Perse et l'Empire arabe (ou ce qu'il en reste) sont à leur tour assaillis. Bagdad est détruite, ses habitants massacrés et le calife supplicié. C'en est fini du califat arabe de Bagdad, déjà mis à mal par les Turcs, lointains cousins des Mongols.

Les Mongols atteignent l'Europe. Ils écrasent les Hongrois mais se retirent presque aussitôt pour des raisons que l'on ignore. En Occident, où s'épanouit l'art gothique, nul ne se doute du terrible danger auquel on a échappé. La Russie a moins de chance. Elle est ravagée et sa paysannerie, qui avait déjà accédé à une grande liberté et une réelle prospérité, retourne à des siècles en arrière. Elle ne s'en relèvera jamais tout à fait.

La chrétienté en crise

Revenons à l'Europe. À Constantinople, des croisés ont chassé en 1204 l'empereur byzantin et fondé un Empire latin. Les Grecs le renversent à leur tour un demi-siècle plus tard et restaurent l'Empire byzantin. Dans les Alpes, de rudes montagnards s'allient contre leur seigneur et arrachent leur indépendance les armes à la main. C'est la naissance de la Suisse.

En Italie et en Allemagne, ni le pape, ni l'empereur germanique ne sont en mesure d'imposer leur autorité. Les villes italiennes tirent parti des querelles entre l'un et l'autre pour obtenir des franchises ! C'est ainsi que Venise, Florence, Pise, Milan, Gênes... accèdent à une véritable indépendance, sous la direction des principales familles bourgeoises.

10 février 1258 : les Mongols détruisent Bagdad

6 mai 1260 : Kubilay devient grand khan des Mongols et soumet la Chine

25 juillet 1261 : Michel VIII Paléologue chasse les Latins de Constantinople et restaure l'Empire byzantin

1er août 1291 : serment de Rütli et naissance de la Suisse

1271-1295 : séjour de Marco Polo en Asie et auprès de Kubilay Khan

1309-1376 : séjour des papes à Avignon

7 octobre 1337 : le roi anglais Édouard III revendique la couronne de France

26 août 1346 : bataille de Crécy

Les marchands de la péninsule s'enrichissent dans le commerce des épices et de la soie qu'ils vont chercher en Orient. Ils rencontrent dans les foires de Champagne leurs homologues flamands qui, eux, distribuent partout en Europe les toiles tissées avec la laine anglaise. Marco Polo, un marchand de Venise, s'attire une renommée européenne avec le récit de son expédition jusqu'en Chine, à la cour de l'empereur Kubilay Khan.

Comme leurs activités nécessitent de gros investissements, les entrepreneurs italiens mettent en commun leur épargne et constituent les premières sociétés anonymes par actions. C'est la naissance du capitalisme. La vie culturelle n'est pas en reste. Cimabue et Giotto, instruits par les peintres d'icônes byzantins, jettent les bases de la peinture moderne. Le poète Dante donne ses lettres de noblesse à la langue italienne.

La guerre de Cent Ans

On pourrait croire à un avenir radieux. Mais l'horizon s'obscurcit brusquement. Le pape Clément V, de son vrai nom Bertrand de Got, renonce après son élection à s'installer à Rome par crainte des intrigues locales. Il s'arrête à Avignon. La papauté y restera près d'un siècle et son prestige en sortira considérablement amoindri.

À Paris, les trois fils de Philippe le Bel se succèdent sans descendance mâle. Un de leurs cousins, Philippe VI de Valois, est hissé sur le trône par les grands seigneurs du royaume. Quelques années plus tard, le roi d'Angleterre Édouard III conteste ce choix et se prétend héritier légitime des rois capétiens ! C'est ainsi que commence une deuxième guerre franco-anglaise que l'on appellera *guerre de Cent Ans*.

Édouard III, grâce à la discipline de ses archers, défait les chevaliers français à Crécy, près de la Somme. Il n'a pas le temps de profiter de sa victoire que survient un mal plus terrible que la guerre elle-même :

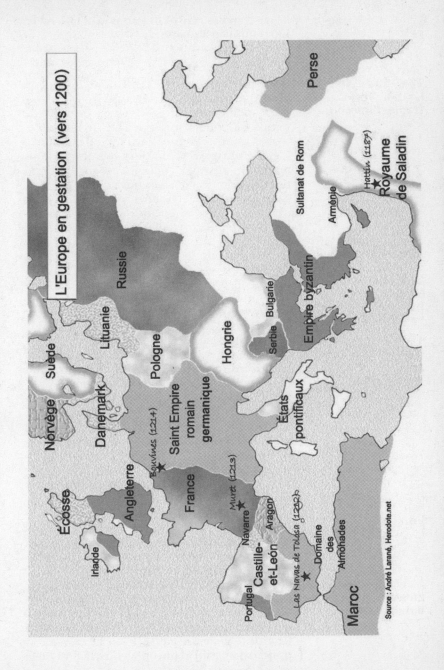

L'Europe en gestation (vers 1200)

Norvège

Suède

Écosse

Irlande

Angleterre

Danemark

Lituanie

Russie

Pologne

Hongrie

Saint Empire romain germanique

Bouvines (1214)

France

Muret (1213)

Navarre

Aragon

Castille-et-León

Las Navas de Tolosa (1212)

Portugal

Domaine des Almohades

Maroc

États pontificaux

Serbie

Bulgarie

Empire byzantin

Sultanat de Rom

Arménie

Perse

Hattîn (1187)

Royaume de Saladin

Source : André Larané, Herodote.net

la peste noire. Un bateau venu d'Orient l'a introduite en Europe.

La Grande Peste

1347-1349 : la Grande Peste frappe l'Europe

La peste frappe le continent européen alors que celui-ci sort de trois siècles de progrès socioéconomiques. Dans ce laps de temps, sa population a doublé de quarante-trois à quatre-vingt-six millions d'habitants. L'épidémie réduit d'un tiers ce nombre mais après son passage, l'activité et la vie reprennent de plus belle. Les paysans et les artisans profitent d'être en sous-effectifs pour obtenir un allègement des servitudes féodales et de meilleurs salaires.

19 septembre 1356 : bataille de Poitiers

21 mai 1358 : Grande Jacquerie (révolte paysanne) en Picardie

La guerre franco-anglaise reprend aussi. Le roi Jean II le Bon est capturé par les Anglais à la bataille de Poitiers. À Paris, les bourgeois groupés autour d'Étienne Marcel veulent en profiter pour ébrécher l'autorité royale mais le fils du roi captif, le futur Charles V le Sage, se révèle plus habile qu'eux. Il remet de l'ordre dans le royaume et repousse les Anglais avec le concours d'un capitaine breton, Bertrand Du Guesclin. C'est le début d'une longue *embellie*.

La situation politique se dégrade dramatiquement quand son fils et successeur, Charles VI, devient fou. Les oncles du jeune roi s'enrichissent en pillant le Trésor. L'un d'eux, le duc de Berry, s'offre un livre de prières superbement enluminé, aujourd'hui au musée de Chantilly : les *Très Riches Heures* du duc de Berry.

Les disputes entre le puissant duc de Bourgogne et le frère du roi, Louis d'Orléans, gendre du comte d'Armagnac, inaugurent la sanglante querelle des Armagnacs et des Bourguignons.

25 octobre 1415 : bataille d'Azincourt

Le roi anglais Henri V en profite pour reprendre les hostilités. Il débarque en France et remporte à Azincourt une magistrale victoire au cours de laquelle périt la *fleur de la chevalerie* française. Le vainqueur obtient la main d'une fille du roi fou et la promesse de succéder à celui-ci sur le trône de France ! Mais Henri V et Charles VI meurent à quelques mois d'intervalle. Ils laissent deux prétendants au trône : le Dauphin (dix-neuf ans), futur Charles VII, et le fils d'Henri V, un bébé de quelques mois représenté par un régent.

La France du Nord, y compris Paris, est acquise aux Anglais. Le Dauphin, réfugié à Bourges, manque de soutiens et doute de sa légitimité. Il est près de renoncer lorsque survient une jeune paysanne, Jeanne d'Arc (ou Darc). Pieuse et pleine d'esprit, elle affirme avoir été guidée par des voix célestes pour conduire le Dauphin à Reims et le faire sacrer roi de France dans les règles. Avant cela, elle obtient le commandement d'une troupe pour aller délivrer Orléans qu'assiègent les Anglais. Jeanne est finalement capturée puis jugée comme sorcière et brûlée vive à Rouen. Mais elle a redonné courage à Charles VII et à ses partisans...

Grâce à elle, le roi n'est plus le même homme. Plus résolu, il bénéficie en outre d'excellents conseillers comme le marchand Jacques Cœur, les frères Bureau, qui dotent l'armée d'une artillerie, le chancelier Guillaume de Jouvenel ou encore la douce Agnès Sorel, première maîtresse officielle d'un roi de France. À Castillon, sur la Dordogne, une ultime bataille chasse les Anglais d'Aquitaine. La guerre de Cent Ans est finie.

Les Turcs

Peu avant, une autre bataille, autrement plus symbolique, s'est soldée par la chute de Constantinople. L'Empire byzantin, qui n'était plus depuis longtemps que l'ombre de lui-même, disparaît après huit siècles d'existence chaotique.

Les vainqueurs, des Turcs, ne sont pas des inconnus en Europe. Depuis longtemps déjà, ils ont pris la place des Arabes à la tête du Moyen-Orient. L'une de leurs tribus, les Ottomans, a traversé le détroit du Bosphore

8 mai 1429 : Jeanne d'Arc délivre Orléans

17 juillet 1453 : bataille de Castillon et fin de la guerre de Cent Ans

29 mai 1453 : prise de Constantinople par les Turcs

et, contournant Constantinople, s'est emparée des Balkans (Albanie, Bulgarie, Grèce, Serbie). Les Ottomans ont vaincu les Serbes à Kossovo en 1389 puis ils ont défait une armée de chevaliers venus de toute l'Europe à Nicopolis en 1396 (le 600e anniversaire de la bataille de Kossovo a été exploité par Slobodan Milošević pour asseoir son pouvoir en Serbie).

Les Turcs ottomans rebaptisent la ville de Constantinople Istambul (ou Istanbul) d'après l'expression qu'employaient les Grecs pour dire : (je vais) *eis tin Polin* (à la Ville). Ils y installent leur capitale. Ils peuvent désormais s'enorgueillir de régner sur un empire limité au nord par la Hongrie, à l'est par la Perse et à l'ouest par le Maroc. Leur domination est brutale et despotique. Ils se soucient seulement de prélever sur leurs sujets des impôts et des... garçons en bas âge. Ces derniers sont convertis à l'islam et formés à la vie militaire pour entrer dans le corps d'élite des Janissaires.

Dans les Balkans comme dans le reste de l'Empire, la colonisation ottomane a pour effet de briser net les progrès sociaux et économiques. D'autre part, des corsaires au service des sultans écument la Méditerranée et multiplient les razzias sur les côtes européennes, pillant les villages et emmenant leurs habitants en esclavage. Cette insécurité rend plus difficile le commerce des épices entre les villes italiennes et les ports de l'Orient mais elle n'inquiète pas outre mesure les Européens. Ceux-ci ont accumulé dans les siècles antérieurs une réserve d'énergie et d'optimisme qui leur permet d'aborder l'avenir avec confiance.

V

Renaissance et Réforme (1492-1688)

Pour les historiens, le Moyen Âge se termine en 1453, avec la prise de Constantinople par les Turcs qui met fin au dernier vestige de l'Empire romain, ou en 1492, avec l'arrivée de Christophe Colomb en Amérique. À ces dates-là, du Japon à l'Angleterre, tous les vieux pays sont à peu près au même niveau de développement économique.

Par leur taille, les États chrétiens font piètre figure en regard des Empires musulmans : l'Empire ottoman, l'Empire perse et le sultanat de Delhi. Qui plus est, leur unité fondée sur la référence au catholicisme est brisée par la Réforme protestante.

Mais l'Europe est saisie d'une telle effervescence intellectuelle, artistique et scientifique que très vite elle se distingue du reste du monde. Cette effervescence s'accompagne d'un retour aux modèles de l'Antiquité gréco-latine. C'est l'humanisme. L'époque a été pour cela qualifiée de Renaissance. Le terme, sous sa forme italienne Rinascita, *est pour la première fois employé par le peintre Giorgio Vasari vers 1550 pour qualifier un mouvement littéraire et artistique. Il est repris au XIXe siècle par l'historien suisse Jacob Burckhardt dans le titre d'un ouvrage :* Civilisation de la Renaissance *pour qualifier cette fois une époque historique, les XVe et XVIe siècles.*

L'Europe consolide son avance sur le reste du monde avec la colonisation de l'Amérique. C'est le début d'une prodigieuse aventure.

L'imprimerie

À la fin du XVe siècle, le centre de gravité de la chrétienté occidentale se déplace de l'Italie vers les régions rhénanes, épargnées tant par les Turcs que par la guerre franco-anglaise. C'est là, entre Strasbourg et Mayence, qu'un graveur sur bois, Gutenberg, invente l'imprimerie. Son procédé permet de reproduire des livres à de nombreux exemplaires et à moindre coût à partir de caractères en plomb.

vers 1450 :
Gutenberg invente
l'imprimerie

Les livres imprimés sur papier de façon industrielle concurrencent très vite les manuscrits sur parchemin que l'on devait copier un à un. Moins chers, ils facilitent la diffusion de la lecture, le livre le plus lu étant toujours la Bible (en latin).

Les Grandes Découvertes

À l'ouest du continent se préparent des bouleversements tout aussi importants que l'imprimerie. Dans le petit royaume du Portugal, dont la principale ressource est la pêche en haute mer, des marins audacieux rêvent de concurrencer les marchands italiens en contournant l'Afrique en bateau et en allant eux-mêmes acheter des épices aux Indes. Un prince, appelé Henri le Navigateur bien qu'il n'ait jamais navigué, crée un centre de recherches à Sagres, sur la côte atlantique. On y dresse des cartes marines et l'on rassemble un maximum d'informations sur les navigations lointaines.

1405-1433 :
expéditions
maritimes de
Zheng he dans
l'océan Indien

À la même époque, à l'autre bout du monde, en Chine, un empereur de la dynastie *Ming*, qui a succédé en 1368 à la dynastie mongole, organise de grandes expéditions maritimes. À plusieurs reprises, des flottes de jonques géantes, chargées de milliers d'hommes, explorent les côtes de l'océan Indien et jettent même l'ancre en Afrique. Mais les lettrés chinois, sages comme tout intellectuel qui se respecte, condamnent ces expéditions qui leur paraissent coûteuses et sans utilité.

23 février 1488 :
Bartolomeu Dias
double le cap de
Bonne-Espérance

Les modestes Portugais ont plus de chance. L'un des leurs, Bartolomeu Dias, atteint la pointe de l'Afrique et fait la preuve qu'il est possible de remonter en bateau jusqu'aux Indes.

12 octobre 1492 :
Christophe Colomb
jette l'ancre sur
une île des Antilles

Mais peu après, un Génois qui a étudié la navigation au Portugal prétend qu'il est possible d'atteindre l'Asie des épices en filant droit vers l'ouest à travers l'océan Atlantique. Il soumet son projet à la reine d'Espagne Isabelle la Catholique. Celle-ci, toute à sa joie d'avoir expulsé les derniers musulmans de son pays, accepte de l'aider.

Christophe Colomb s'était trompé dans ses calculs de distances mais il a la chance de rencontrer sur sa route une terre qu'il croit être les Indes. Il appelle ses habitants des *Indiens*. Quelques années plus tard, on s'aperçoit qu'il s'agit en fait d'un continent nouveau, un Nouveau Monde. On lui donne le nom d'*Amérique*, d'après le prénom d'un navigateur florentin, Amerigo Vespucci.

20 mai 1498 : Vasco de Gama contourne l'Afrique et arrive en Inde

Les Européens à la conquête du monde

Très vite les Espagnols et les Portugais multiplient les expéditions. Les premiers explorent et occupent les terres situées à l'ouest de l'Europe, du continent américain à l'archipel des Philippines. Les seconds se réservent les terres situées plus à l'est, de la pointe de l'Amérique (le Brésil) à la Chine en passant par l'Afrique et les Indes. Les uns et les autres cherchent de nouvelles routes pour le commerce des épices.

22 avril 1500 : Pedro Álvares Cabral prend pied au Brésil

En Amérique, les Espagnols abattent les empires locaux : l'Empire aztèque et l'Empire inca, et christianisent les populations indiennes, généralement par la contrainte. Ces conquérants (*conquistadores* en espagnol) sont suivis de nombreux colons. Ils s'approprient les terres, créent des plantations de canne à sucre et exploitent des mines d'or ou d'argent.

13 août 1521 : Hernán Cortés s'empare de l'Empire aztèque (Mexique)

Les plantations et les mines requièrent une main-d'œuvre nombreuse. Mais les Indiens ne suffisent pas à la tâche car ils sont décimés par la variole, une maladie venue d'Europe. Les colons ont alors l'idée d'importer des esclaves achetés en Afrique, selon l'exemple des trafiquants arabes. C'est le début d'un honteux trafic triangulaire : des bateaux vont en Afrique acheter des esclaves, les revendent en Amérique et rapportent en Europe les denrées et les métaux du continent américain.

1519-1522 : voyage autour du monde de Magellan et d'Elcano

Les Portugais, de leur côté, bouclent le tour de l'Afrique et atteignent les Indes. Ils occupent le port de Goa et entament un fructueux commerce. L'un des leurs, Magellan, ne s'en tient pas là et organise le premier tour du monde à la voile.

En trois décennies, la petite Europe a brisé son isolement. Paysans misérables, cadets ambitieux et nobles désargentés découvrent outre-mer un exutoire à leur trop-plein d'énergie. Les Français et les Anglais ne sont pas en reste. Ils organisent des expéditions vers l'Amérique du Nord, que dédaignent Portugais et Espagnols.

7 mars 1524 : Verrazzano aborde en Amérique du Nord

Un Français, Jacques Cartier, part de Saint-Malo et découvre un fleuve auquel il donne le nom de Saint-Laurent. Il prend possession du pays alentour au nom du roi François Ier et le baptise *Canada*, d'après un mot indien qui désigne un village (1534).

À l'est aussi, l'Europe avance ses pions. Le grand-duché de Moscovie se transforme en un empire autocratique, sous la poigne d'Ivan IV, justement surnommé *le Terrible*. Le premier *tsar* de Russie, intronisé en 1547, entame la colonisation de la Sibérie. Ses cosaques atteignent même les rives de l'océan Pacifique.

Les guerres d'Italie

Après la guerre de Cent Ans, sous le règne de Louis XI, le pays a retrouvé sa prospérité. Il a commencé à se transformer en un État centralisé, avec une administration dévouée au roi.

Les successeurs de Louis XI se prennent de passion pour l'Italie, où les villes débordent de richesses et où s'épanouissent les arts et les lettres. Charles VIII traverse les Alpes avec une nombreuse armée pour s'emparer d'un royaume qu'il dit être son héritage, mais la péninsule se coalise contre lui et il doit rentrer en France. Son successeur Louis XII essuie également des revers.

Roi à 19 ans, en 1515, François Ier entame quant à lui son règne par une grande victoire. Il défait les Suisses à Marignan au cours de la plus sanglante bataille depuis l'Antiquité. Avec plus de dix mille morts en deux jours, c'est une préfiguration des hécatombes modernes. Dans la foulée, François Ier accueille en France des artistes italiens comme Léonard de Vinci. Il inaugure une vie de cour joyeuse et débordante de luxe dans les châteaux de la Loire.

13 septembre 1515 : François Ier vainc les Suisses à Marignan

Les guerres d'Italie reprennent sous la forme d'une rivalité entre le roi de France et le nouveau titulaire du Saint-Empire romain germanique, l'empereur Charles Quint, qui veut aussi mettre la main sur la péninsule. Par le hasard des successions et des mariages, Charles Quint a hérité des possessions autrichiennes de la famille des Habsbourg, du royaume d'Espagne – y compris ses colonies d'Amérique – et des possessions du duc de Bourgogne Charles le Téméraire, qui incluent les riches provinces de Flandre et de Hollande.

François Ier se fait capturer par les armées de son ennemi à Pavie, dix ans après Marignan. Après sa libération, il s'allie avec le sultan Soliman le Magnifique et le pirate Barberousse contre Charles Quint.

25 octobre 1555 : Charles Quint abdique et partage l'Empire des Habsbourg

3 avril 1559 : le traité de Cateau-Cambrésis met fin aux guerres d'Italie

Tout cela n'aboutit à rien et les guerres d'Italie se concluent sous le règne d'Henri II par le traité de Cateau-Cambrésis. Charles Quint, usé par des épreuves écrasantes, a abdiqué peu avant et partagé son empire entre son fils Philippe et son frère Ferdinand. Le premier a reçu l'Espagne et les États bourguignons, le second la couronne impériale et les États autrichiens.

La Réforme de Luther

Quelques décennies plus tôt, tandis que le pape faisait reconstruire à grands frais la basilique Saint-Pierre de Rome dans le style de la Renaissance, un moine allemand dénonçait les scandales de l'Église de son

31 octobre 1517 : Luther affiche à Wittenberg ses 95 thèses contre l'Église

28 août 1526 : le sultan Soliman II le Magnifique vainc les Hongrois à Mohács

16 janvier 1547 : intronisation d'Ivan IV le Terrible, premier tsar de Russie

25 septembre 1555 : paix religieuse d'Augsbourg en Allemagne

1545-1563 : le concile de Trente lance la Contre-Réforme catholique

temps. Sans s'en douter, Martin Luther jetait les bases du protestantisme.

Au fil des mois, le moine développe une prédication de plus en plus hardie qui remet en cause l'autorité du pape et prône le retour aux vertus évangéliques et à la lecture de la Bible (facilitée par le développement de l'imprimerie). Ses discours recueillent un écho très vif en Allemagne. L'empereur Charles Quint, occupé à se battre contre François Iᵉʳ et Soliman le Magnifique, ne peut empêcher la scission du pays entre catholiques et protestants.

Dans les années qui suivent, la Réforme se répand dans l'Europe du Nord et en Suisse, où elle est relayée par un brillant prédicateur français, Jean Calvin. C'est de manière détournée qu'elle s'immisce en Angleterre : le roi Henri VIII se voit refuser par le pape le droit de divorcer de sa première femme pour épouser sa maîtresse, Anne Boleyn. Qu'à cela ne tienne, il publie un Acte de suprématie par lequel il se proclame chef de l'Église anglaise ou *anglicane* (1534). Il peut enfin épouser la femme de sa vie... qu'il fera décapiter deux ans plus tard après qu'elle lui eut donné une fille (sous le nom d'Élisabeth Iʳᵉ, elle deviendra le plus grand souverain anglais).

La Contre-Réforme catholique

Face aux progrès de la Réforme, les catholiques sincères ne restent pas sans réagir. Une poignée de jeunes Basques fondent la Compagnie de Jésus et jurent fidélité absolue au pape. Connus sous le nom de *jésuites*, ces prêtres se vouent à l'évangélisation et à l'éducation. Eux-mêmes se révèlent d'excellents savants, théologiens et pédagogues. L'un des leurs, saint François Xavier, gagne les Indes et même le Japon, où il fonde les premières communautés chrétiennes.

La plupart des jésuites se vouent à la lutte contre la Réforme. Leurs efforts trouvent un aboutissement dans la réunion d'un grand concile, à Trente, dans les Alpes. Ce concile raffermit la discipline du clergé et améliore la formation des prêtres. Il confirme aussi la préséance du Saint-Siège à la tête de la hiérarchie catholique.

La Contre-Réforme remporte des succès en Autriche. Elle prend des couleurs avec le mouvement artistique *baroque*, qui glorifie Dieu et exalte la vie à travers la peinture, la décoration et l'architecture. Le plus grand et le plus aimable de ses représentants est le peintre flamand Paul Rubens.

Sous l'égide de Philippe II d'Espagne, champion de la Contre-Réforme, la chrétienté remporte aussi une victoire décisive sur les Turcs au large de Lépante (Grèce). Une flotte hispano-vénitienne commandée par le demi-frère du roi, Don Juan d'Autriche, anéantit la flotte du sultan (1571). L'Empire ottoman entre dans un lent déclin jusqu'à sa disparition en 1918.

Les guerres de Religion

La Renaissance exubérante et curieuse prend fin avec les guerres de Religion entre catholiques et protestants. Celles-ci frappent en premier lieu la France, où le protestantisme a séduit près du tiers de la noblesse. Sous les règnes successifs des trois fils du roi Henri II, pendant trois décennies, elles vont occasionner des atrocités sans nom. Le summum de l'horreur est atteint avec le massacre de la Saint-Barthélemy qui fait trente mille morts chez les protestants.

La faction catholique s'allie au roi d'Espagne, Philippe II, fils de Charles Quint, cependant que les protestants se rapprochent des Anglais et de la reine Élisabeth Ire. Il s'ensuit une confusion générale. Le roi Henri III, dernier rejeton de la dynastie des Valois, est chassé de Paris par les ligueurs catholiques. Il est assassiné par un moine fanatique qui lui reproche son alliance avec son cousin et

7 octobre 1571 : bataille navale de Lépante

24 août 1572 : massacre de la Saint-Barthélemy

15 octobre 1582 : mise en place du calendrier grégorien

8 août 1588 : les Anglais coulent l'Invincible Armada du roi d'Espagne

12 avril 1591 : l'armée du Songhaï est écrasée par les Marocains à Tondibi, près du Niger

30 avril 1598 : Henri IV signe l'édit de Nantes

20 mars 1602 : les marchands hollandais fondent la Compagnie hollandaise des Indes orientales

14 mai 1610 : mort du roi Henri IV

héritier légitime, le roi de Navarre Henri de Bourbon, un protestant.

Sur les conseils de son ami, le protestant Sully, Henri de Bourbon se convertit au catholicisme avant de se faire sacrer roi. Devenu Henri IV, il ramène la paix dans le pays. En avance sur son temps, il signe un édit de tolérance à Nantes qui reconnaît aux protestants français (sous certaines réserves) le droit de pratiquer une religion différente de celle de leur souverain. Comme son prédécesseur, Henri IV est poignardé par un fanatique, Ravaillac.

À l'embouchure du Rhin et de l'Escaut, dans les Provinces-Unies qui appartiennent à la couronne d'Espagne, les guerres de Religion prennent la forme d'une guerre d'indépendance. Combats, exécutions et assassinats aboutissent à l'indépendance des Provinces-Unies (les Pays-Bas actuels), à majorité protestante, tandis que l'Espagne conserve la partie méridionale du pays, massivement catholique (la Belgique actuelle).

Les habitants des Provinces-Unies vont d'emblée se tourner vers le commerce des épices avec les Indes orientales (l'Asie des moussons). Ils chassent de cette région les Portugais, s'installent au Japon, à Taïwan et à Java où ils fondent la ville de Batavia (aujourd'hui Djakarta). En quelques décennies, les Provinces-Unies deviennent l'État le plus prospère du monde à défaut d'être le plus puissant. À Amsterdam se constitue la première Bourse des valeurs.

L'Espagne compromet sa prospérité et entre en déclin, à trop vouloir défendre le catholicisme. Après avoir établi le tribunal de l'Inquisition pour traquer les faux convertis, elle expulse les Juifs (1492) puis les *Morisques*, d'anciens musulmans convertis de force au catholicisme (1609).

La guerre de Trente Ans

Les guerres de Religion se rallument en 1618, au cœur de l'Europe, par suite des rivalités entre l'empereur catholique et les princes protestants d'Allemagne et de Bohême.

L'écrasement des milices tchèques par les troupes impériales à la bataille de la Montagne Blanche, près de Prague, met fin à l'indépendance de la Bohême (aujourd'hui la République tchèque). Elle inaugure une terrible guerre de Trente Ans qui va mettre l'Allemagne à feu et à sang. La Suède, l'Espagne et la France elles-mêmes s'en mêlent.

8 novembre 1620 : bataille de la Montagne Blanche

Au nom de l'intérêt national, le cardinal de Richelieu, Premier ministre de Louis XIII, s'allie aux protestants allemands contre l'Espagne catholique. Les troupes françaises remportent une victoire magistrale sur les Espagnols à Rocroi, dans les Ardennes, sous le commandement du duc d'Enghien (vingt-trois ans), plus tard connu comme le Grand Condé. Pour ne pas démoraliser ses troupes avant la bataille, le général leur a caché la mort du roi, survenue quelques jours plus tôt. Richelieu est lui-même mort au début de l'année. Le nouveau roi de France, Louis XIV, a cinq ans. Sa mère, Anne d'Autriche, assure la régence avec l'aide efficace du cardinal d'origine italienne Mazarin.

19 mai 1643 : bataille de Rocroi

La guerre de Trente Ans prend fin avec les traités de Westphalie (1648). La France annexe l'Alsace à l'exception de Strasbourg. Les traités consacrent surtout l'émiettement de l'Allemagne en trois cent cinquante principautés indépendantes, dans le cadre du Saint-Empire romain germanique.

24 octobre 1648 : traités de Westphalie et fin de la guerre de Trente Ans

Les guerres de Religion et les crimes en tout genre ont inspiré des chefs-d'œuvre à Shakespeare, dramaturge anglais, comme à l'Espagnol Cervantès, l'auteur de *Don Quichotte*. Elles ont inspiré aussi à Montaigne, un notable de Bordeaux, des réflexions puissantes et originales regroupées dans un ouvrage intitulé *Essais* (d'où le nom d'*essai* donné aujourd'hui à des livres de réflexions).

Tolérance malgré tout

Un rayon de soleil nous vient de Pologne. Au XVIᵉ siècle, sous la Renaissance, le royaume affiche une exceptionnelle tolérance à l'égard des protestants mais aussi des Juifs très nombreux dans le pays. Ses villes, en particulier Cracovie, brillent de mille feux. Un moine astronome, Copernic, affirme que le centre de l'univers est occupé par le Soleil et non la Terre. Sa théorie (1543) scandalise les hommes qui ont tendance à se prendre pour le centre du monde.

Un siècle plus tard, en soumettant à la règle de l'unanimité toutes les décisions de la Diète (l'assemblée de la noblesse), le royaume polonais va sombrer dans l'impuissance et finalement perdre sa prospérité et son indépendance.

Dans l'Allemagne voisine, à la suite des traités de Westphalie, les arts et les lettres s'épanouissent comme jamais du fait de l'émulation entre les principautés et d'une paisible cohabitation entre les religions : science et philosophie avec Leibniz, Kant, Hegel, musique avec Bach, Beethoven, Mozart, poésie avec Goethe et Schiller... Cet élan créateur prendra fin avec la réunification sous l'égide de Bismarck (1871).

Tolérance en Iran et en Inde

1571-1629 : Abbas Iᵉʳ porte l'Iran séfévide à son apogée

La Perse et l'Inde offrent au début du XVIIᵉ siècle de beaux exemples de tolérance. Arrivé en 1587 à la tête de l'Iran, autre nom de la Perse, le *chah* (*roi* en persan) Abbas Iᵉʳ transforme son pays en un État puissant, moderne et centralisé. Son règne marque l'apogée de la dynastie séfévide. Il fait de sa capitale Ispahan l'une des plus belles villes du monde. Héritier d'un empire multiconfessionnel et bien que musulman *chiite* convaincu, il s'intéresse à toutes les religions et se garde de toute discrimination (excepté à l'égard des musulmans *sunnites*).

Akbar, roitelet musulman du Pendjab, d'origine turco-mongole, unifie l'Inde du Nord. Il crée une administration moderne en veillant à pacifier les relations entre hindous et musulmans. Il supprime en particulier l'impôt spécifique qui pèse sur les non-musulmans. À sa mort (1605), il laisse l'Empire le plus puissant qu'ait jamais connu l'Inde. Cet Empire dit *moghol* (une déformation de *mongol*) subsistera jusqu'au XIXe siècle. Il sera supprimé par les Anglais.

1556-1605 : Akbar règne à Agra sur l'Empire moghol des Indes

Moins inspirés sont les Japonais, qui vivent sous un régime féodal très semblable à celui qu'ont connu les Européens au Moyen Âge, avec une classe de chevaliers, les *samouraïs*, et des liens d'allégeance de vassal à suzerain. Le *shogun* (*maire du palais* en japonais) gouverne l'Empire du Soleil-Levant. Effrayé par l'irruption des commerçants et des missionnaires européens, il persécute les chrétiens et limite très sévèrement les contacts avec les étrangers, faisant interdiction à ses sujets de quitter l'archipel (1636). Le Japon se replie dès lors sur lui-même pour plus de deux siècles.

22 mai 1636 : les Japonais ont interdiction de quitter l'archipel

L'Angleterre expérimente la république

Au milieu du XVIIe siècle, voici que monte en Europe la contestation politique. Elle frappe en premier lieu l'Angleterre où les successeurs de la reine Élisabeth Ire atteignent des sommets d'impopularité. Leurs goûts dispendieux, leurs amitiés scandaleuses et leur tendance au pouvoir personnel entraînent contre eux une coalition de bourgeois, de magistrats et de nobles puritains. Le roi Charles Ier est chassé de Londres puis jugé et décapité. C'est une première en Europe. Son vainqueur est un gentilhomme énergique et froid, Oliver Cromwell.

30 janvier 1649 : exécution à Londres du roi Charles Ier

Cromwell instaure la république et en devient le maître avec le titre de « Lord Protector of the Commonwealth » (Lord-Protecteur de la République). Il réprime avec la plus extrême brutalité ses opposants politi-

9 octobre 1651 : Cromwell promulgue l'Acte de navigation

ques ainsi que les catholiques irlandais, organisant la colonisation de l'île par des protestants écossais. Il s'ensuivra au XXᵉ siècle de douloureux conflits entre *indigènes* catholiques et *colons* protestants.

Cromwell promulgue l'Acte de navigation qui réserve aux navires nationaux le droit d'entrer dans les ports de Grande-Bretagne. Il stimule de la sorte la vocation maritime du pays. Cette vocation s'accomplira après que la Grande-Bretagne aura triomphé des Provinces-Unies dans une guerre pour le contrôle du commerce avec les Indes et l'Insulinde.

Après la mort du dictateur, un coup d'État permet à l'héritier de la couronne de revenir au pouvoir. C'est la fin de la seule République qu'ait connue l'Angleterre. Mais rien n'est plus comme avant et le souverain n'a plus les moyens d'exercer un pouvoir absolu et sans limites.

La monarchie française face à la Fronde

L'année où Charles Iᵉʳ était décapité (1649), la France s'offrait deux rébellions joliment appelées « Frondes », l'une conduite par les magistrats ou parlementaires, l'autre par des nobles. Les magistrats nantis de privilèges prétendaient au nom de l'intérêt général limiter le pouvoir du roi de lever des impôts. La régente, le jeune roi Louis XIV et le cardinal Mazarin fuient la capitale dans un premier temps puis les amènent à résipiscence. Là-dessus, de grands seigneurs, dont le Grand Condé (le héros de Rocroi), se rebellent à leur tour. Turenne et sa troupe les ramènent à la raison. À l'opposé de ce qui s'est passé en Angleterre, le pouvoir royal sort renforcé de ces rébellions et plus autoritaire que jamais !

9 mars 1661 : mort de Mazarin et début du pouvoir personnel de Louis XIV

Quand décède le Premier ministre Mazarin, le roi Louis XIV, alors âgé de vingt-deux ans, réunit les ministres de son Conseil pour leur annoncer que désormais, il conduira lui-même les affaires, sans Premier ministre. Le roi saura s'appuyer toutefois sur des ministres efficaces, à défaut d'être intègres : Colbert, Louvois…

Louis XIV consacre le triomphe de l'*absolutisme* (un mot inventé *a posteriori* en 1796). Le fondement de la monarchie absolue est religieux et symbolisé par le sacre du roi à Reims. Le roi est réputé choisi par Dieu pour exécuter sa volonté. Ses sujets doivent à ce titre le respecter et lui obéir. Le roi n'a de comptes à rendre qu'à Dieu mais sa puissance n'est pas tyrannique. Elle est limitée par les prescriptions de l'Évangile et surtout les coutumes du royaume. Rien à voir avec le pouvoir totalitaire des dictateurs du XXe siècle. Le roi n'a par exemple pas droit de vie et de mort sur ses sujets.

Louis XIV ne tarde pas à se lancer dans des guerres pour consolider les frontières de son royaume et… désennuyer ses nobles et lui-même. La victoire est dans les premiers temps au rendez-vous. Servie par de grands capitaines, tel Turenne, la France s'agrandit de Strasbourg, de la Franche-Comté et de quelques autres belles provinces.

Pour manifester la puissance de son royaume et la grandeur de son règne, Louis XIV, qualifié de Roi-Soleil, se fait bâtir un palais plus grandiose qu'aucun autre à Versailles, dans une forêt proche de Paris. Dans ce palais, au milieu d'une cour dépensière et fastueuse, les nobles perdent l'envie de se rebeller.

1682 : Louis XIV et sa cour s'installent à Versailles

Un Roi-Soleil chinois

En Chine, des mercenaires mandchous, venus du Nord, ont renversé la dynastie Ming et installé leur propre dynastie (1644). Le deuxième empereur mandchou, Kangxi, monte sur le trône à six ans, l'année où Louis XIV entame son règne personnel (1661). Comme le Roi-Soleil, il va connaître un long règne et porter son pays à son maximum de puissance. Grâce à une artillerie mise au point avec des missionnaires jésuites, il soumet les Mongols et repousse les Russes. Ces derniers colonisent cependant la Sibérie et atteignent l'océan Pacifique.

1661-1722 : règne de l'empereur Kangxi

En guise de reconnaissance pour les services rendus à sa dynastie, l'empereur permet aux jésuites de prêcher leur religion. Mais, à Rome, les rivaux des jésuites se déchaînent contre la prétention de ces derniers de concilier l'Évangile avec le culte chinois des ancêtres. Ils obtiennent du pape qu'il proscrive ces rites. Outré, Kangxi interdit aux jésuites de poursuivre leur enseignement. Désormais, la Chine n'aura plus que des rapports conflictuels avec l'Occident.

Plus durable est l'apport des jésuites français au Vietnam. Arrivés en 1624, ils convertissent plusieurs centaines de milliers d'habitants au catholicisme et, en remplacement des idéogrammes chinois, le père Alexandre de Rhodes donne au pays un alphabet adapté de l'alphabet latin.

**Jean Ier,
roi du Congo**

L'Afrique sort de la pénombre avec quelques difficultés. Plusieurs royaumes islamisés se succèdent dans le *Sahel* (la bordure sud du Sahara), principalement le Mali et le Songhai. Ce dernier s'effondre sous les coups des Marocains, désireux de mettre la main sur les exploitations aurifères de la région (1591). Dans le golfe de Guinée, les Portugais prennent sous leur protection le Congo, dont le roi se convertit avec ferveur au christianisme et prend le nom de Jean Ier (1491). Mais les trafiquants d'esclaves réduisent à néant cette prometteuse expérience (1665). Plus au sud, dans la région du Zambèze, un mystérieux peuple bâtit une ville en pierre, le Grand Zimbwawe, dont les ruines ont subsisté jusqu'à nos jours.

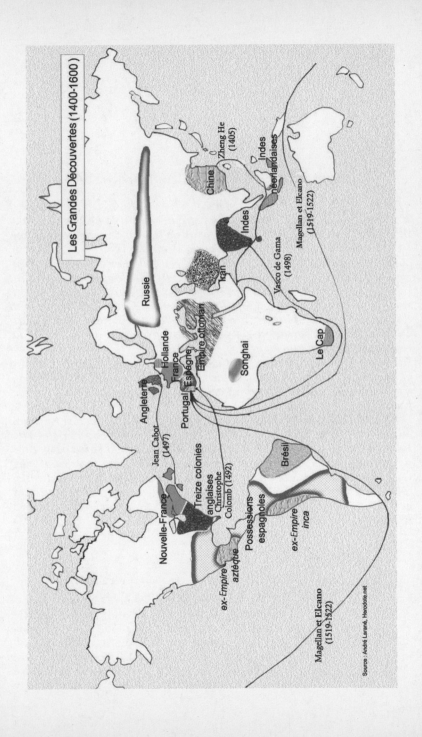

Les Grandes Découvertes (1400-1600)

Russie

Chine

Zheng He
(1405)

Indes

Indes
néerlandaises

Iran

Empire ottoman

Hollande

France

Angleterre

Portugal Espagne

Magellan et Elcano
(1519-1522)

Vasco de Gama
(1498)

Le Cap

Songhai

Jean Cabot
(1497)

Nouvelle-France

Treize colonies
anglaises
Christophe
Colomb (1492)

ex-Empire
aztèque

Possessions
espagnoles

Brésil

ex-Empire
inca

Magellan et Elcano
(1519-1522)

Source : André Larané, Herodote.net

VI

Le temps des Révolutions (1688-1848)

L'Angleterre a fait sa Révolution cent ans avant la prise de la Bastille. Cette « Glorieuse Révolution » sans effusion de sang va inspirer tous les mouvements démocratiques à venir.

Dans les salons français, on cultive l'art de la conversation et l'on brasse des idées nouvelles sur la liberté individuelle et les droits naturels des hommes. On remet aussi en cause l'autorité du clergé et du roi. De Paris, ces idées gagnent toute l'Europe et même traversent l'Atlantique. Les insurgés américains s'en réclament. Dans leur Déclaration d'indépendance, ils proclament le droit de chacun à la recherche du bonheur !

Toutes les élites communient dans une même foi dans le progrès et la bonté du genre humain. Et de Philadelphie à Saint-Pétersbourg, c'est en français que s'exprime cette foi. Le XVIIIe siècle est le siècle français par excellence.

Au XIXe siècle, après les turbulences de la Révolution et de l'Empire, la France doit se contenter d'une seconde place derrière l'Angleterre. La démocratie anglaise se trouve particulièrement à l'aise pour tirer parti des progrès techniques et engager la Révolution industrielle. Quand, en 1848, éclatent sur le continent européen des révolutions, faut-il s'étonner qu'elles échouent en quelques mois ? Romantiques et idéalistes dans un siècle ouvrier et industriel, ces révolutions-là se trompent d'époque.

« Glorieuse Révolution » en Angleterre

En Angleterre, après la « Grande Rébellion » de Cromwell, la méfiance s'installe entre le Parlement et le trône. Le roi Charles II concède au Parlement l'*Habeas Corpus Act* (en latin, « que tu aies ton corps ») (1679). Ce texte très important impose que tout prisonnier soit déféré sans attendre devant un juge. C'en est fini des arrestations arbitraires !

Le roi suivant, Jacques II, ne cache pas son admiration pour Louis XIV et souhaiterait rétablir la religion catholique. Il a seulement deux filles d'un premier mariage. S'étant remarié, voilà qu'il engendre aussi un garçon. Ses ennemis craignent un renforcement de la dynastie. Ils font appel au gouverneur de Hollande, Guillaume III de Nassau-Orange, qui est l'époux de Marie II Stuart, la fille aînée du roi.

Guillaume et Marie sont de fervents protestants et des ennemis inconditionnels de la France et de Louis XIV. Autant dire qu'ils ont tout pour plaire aux Anglais ! Guillaume débarque en Angleterre, tandis que son beau-père traverse la Manche dans l'autre sens et personne ne se soucie de le retenir. C'est ainsi que les Anglais échappent à une nouvelle guerre civile.

22 décembre 1688 : la « Glorieuse Révolution » chasse le roi Jacques II d'Angleterre

Guillaume et Marie sont élevés de concert à la royauté par le Parlement de Westminster. Ils accordent aux parlementaires un droit de regard sur les affaires publiques par le *Bill of Rights*. Cette *Déclaration des droits* conclut une « heureuse et glorieuse révolution » sans effusion de sang. Elle met fin aux dissensions religieuses et instaure une monarchie parlementaire stable. L'année suivante, le philosophe John Locke publie *Deux traités sur le gouvernement* où il expose une théorie du gouvernement démocratique et fait l'apologie de la liberté individuelle.

13 février 1689 : l'Angleterre se dote du *Bill of Rights* (Déclaration des droits)

La difficile succession de Louis XIV

En France, la « Glorieuse Révolution » suscite l'irritation que l'on devine. Louis XIV accueille le souverain déchu et poursuit ses guerres tous azimuts : en 1702, le vieux roi impose sur le trône d'Espagne son petit-fils, le duc d'Anjou, ancêtre de l'actuel roi Juan Carlos Ier, ce qui lui vaut d'affronter presque toute l'Europe. Cette guerre de la Succession d'Espagne, ponc-

1702-1713 : guerre de la Succession d'Espagne

tuée de famines et de défaites, inaugure une nouvelle série de conflits d'environ cent ans entre la France et l'Angleterre (la troisième après celles des XIIe-XIIIe siècles et des XIVe-XVe siècles). Elle prendra fin à Waterloo (1815).

Louis XIV meurt à soixante-dix-sept ans en laissant un pays puissant mais en grande difficulté à son arrière-petit-fils et successeur, Louis XV (cinq ans). Sous la régence du duc d'Orléans, la noblesse, trop longtemps bridée, prend sa revanche. Elle remplace les bourgeois au gouvernement et s'arc-boute sur ses privilèges. Elle impose que lui soient réservées les hautes charges de l'armée et de l'Église.

Devenu roi à part entière, Louis XV bénéficie d'un préjugé favorable qui lui vaut le surnom de « Bien-Aimé ». Il confie le soin du gouvernement à un Premier ministre pondéré, le vieux cardinal de Fleury. Mais très vite sa réputation s'écorne en raison de ses guerres malencontreuses et de ses maîtresses envahissantes, au premier rang desquelles la marquise de Pompadour puis la comtesse du Barry.

Par le traité de Paris qui met fin à la guerre de Sept Ans (1763), la France cède à l'Angleterre la plus grande partie de ses colonies, en particulier la Nouvelle-France (le Québec) et les Indes. Mais elle conserve Saint-Domingue (aujourd'hui Haïti). C'est la seule colonie à laquelle tiennent les bourgeois de l'époque, y compris les « philosophes », en raison des riches plantations de sucre où travaillent les esclaves ; le sucre jouant alors le rôle du pétrole dans nos économies.

La philosophie des Lumières

Dans les salons parisiens où la haute bourgeoisie et les gentilshommes cultivent l'art de la conversation, on murmure contre le pouvoir monarchique. Un auteur à succès, Voltaire, est même emprisonné pour cela puis s'enfuit en Angleterre. De retour en France, il exalte les vertus de la jeune démocratie anglaise.

De grands esprits remettent en cause l'absolutisme au nom de la raison. Le plus célèbre est Montesquieu. Dans *De l'esprit des lois* (1748), il distingue les pouvoirs législatif (la rédaction des lois), exécutif (l'exécution des lois) et judiciaire. Il propose de confier le pouvoir judiciaire à des juges renouvelés à chaque procès. S'inspirant du modèle anglais, il propose par ailleurs de diviser le pouvoir législatif entre deux assemblées :

— une assemblée populaire ou démocratique qui crée la loi ;

— une assemblée de nobles ou haute assemblée, qui corrige la loi.

Montesquieu pense cependant que son système politique n'est applicable qu'aux petites communautés et à la condition que l'autorité supérieure soit équilibrée par de puissants corps intermédiaires. Il n'imagine pas qu'il puisse fonctionner un jour dans de grands États comme les nôtres.

Le philosophe Diderot et le mathématicien d'Alembert publient l'*Encyclopédie* avec le concours de nombreux savants et sous la protection de la marquise de Pompadour. Ils glissent dans ce gigantesque ouvrage des critiques virulentes contre l'Église, bouc émissaire de toutes les injustices.

Jean-Jacques Rousseau, écrivain genevois d'une sensibilité à fleur de peau, va plus loin que quiconque dans la contestation de la société. Il définit l'Homme comme un être naturellement bon, corrompu par l'état social et la propriété. Il influence profondément les révolutionnaires, à commencer par Pascal Paoli, champion malheureux de l'indépendance corse, et Maximilien de Robespierre. Pour les Corses, il rédige la première Constitution de l'Histoire. À l'opposé de Rousseau, Voltaire flatte les souverains et les invite à user de leur pouvoir pour appliquer les idées « philosophiques ».

La France est au XVIIIe siècle le pays le plus peuplé d'Europe avec vingt-six millions d'âmes. Elle en est aussi le plus puissant et le plus prestigieux. Sa langue et sa culture rayonnent de Berlin à Saint-Pétersbourg. Aussi toutes les monarchies sont-elles affectées par la propagation de ces idées nées à Paris. C'est ainsi qu'au Portugal, en Espagne et en Autriche la bourgeoisie éclairée conteste comme en France le pouvoir absolu du roi ainsi que l'autorité spirituelle de l'Église catholique... Les jésuites en font les frais. Sous la pression des monarques eux-mêmes, le pape prononce l'interdiction de cet ordre enseignant et missionnaire à la redoutable efficacité.

Heurs et malheurs des Lumières

L'empereur Joseph II, qui gouverne l'Autriche de 1780 à 1790, est le modèle du « despote éclairé », ami des *Lumières* et du progrès. Il prend des décisions proprement révolutionnaires connues sous le nom d'*Aufklärung* (*Lumières* en allemand) : fin du servage, expulsion des jésuites, édit de tolérance, suppression des ordres contemplatifs, abolition des corporations... Joseph II fait aussi de l'allemand la langue officielle de l'Empire à la place du latin, à la grande fureur des minorités ! Le « joséphisme » se solde par un échec cuisant... mais il montre la voie aux révolutionnaires français qui s'en prendront en 1793 et 1794 aux symboles de l'*Ancien Régime*.

1762-1796 : règne de la tsarine Catherine II

En Russie, les tsars et tsarines de la dynastie des Romanov, arrivée au pouvoir en 1613, n'en finissent pas de consolider leur autorité. Pierre le Grand est un brutal autocrate. C'est aussi un admirateur de l'Occident. Il donne au pays une nouvelle capitale tournée vers l'Ouest, sur les rives de la Baltique, Saint-Pétersbourg (son nom d'origine est allemand : *Sankt-Petersburg*). C'est un chef-d'œuvre d'urbanisme néoclassique (1703). La tsarine Catherine II, d'origine allemande, se présente comme l'amie du philosophe Diderot. Elle est pénétrée de l'esprit des *Lumières* mais étend le servage dans son pays alors même qu'il disparaît dans le reste de l'Europe.

En Angleterre, où la tolérance religieuse est entrée dans les mœurs, les esprits éclairés orientent leurs efforts vers l'abolition de la traite des esclaves, à l'initiative des Églises. Le député William Wilberforce crée la *Société pour l'abolition de la traite* avec le soutien de son ami, le Premier ministre William Pitt (1787). En France, l'abbé Grégoire l'imite en créant la *Société des Amis des Noirs*.

Independence Day

Les idées philosophiques traversent l'Atlantique et gagnent les élites des treize colonies anglaises d'Amérique du Nord.

À Boston, quelques colons déguisés en Indiens montent sur un vaisseau à l'ancre et jettent sa cargaison de thé à l'eau. Par cette *tea party*, les colons expriment leur rejet d'une taxe votée sans eux par le Parlement de Westminster. Ils réclament d'être considérés comme des citoyens anglais à part entière. Le roi réagit en fermant le port et en exigeant le remboursement de la cargaison par les habitants de Boston. C'est le début de l'insurrection.

16 décembre 1773 : Tea Party de Boston

Peu après, à Philadelphie, où ils sont réunis en congrès (*Convention* en anglais), les représentants des treize colonies adoptent dans l'enthousiasme une proclamation unilatérale d'indépendance. L'auteur du texte est Thomas Jefferson, un riche planteur de Virginie, propriétaire de nombreux esclaves.

4 juillet 1776 : Déclaration d'indépendance des États-Unis d'Amérique

Il énonce en des termes voués à l'immortalité le droit de tous les êtres humains à la quête du bonheur : « *We hold these truth to be self-evident, that all men are created equal, that they are endowed by their Creator with certain unalienable rights, that among these are life, liberty and the pursuit*

71

of happiness... » (« *Nous tenons ces vérités pour évidentes que tous les hommes ont été créés égaux et qu'ils ont été dotés par leur Créateur de certains droits inaliénables parmi lesquels la vie, la liberté et la poursuite du bonheur* »). L'anniversaire de ce jour a mérité de devenir la fête nationale des États-Unis d'Amérique.

17 octobre 1781 : bataille de Yorktown

La guerre d'Indépendance commence entre les *Patriots*, commandés par George Washington, et les armées loyalistes, cependant que les deux tiers des deux millions et demi d'habitants des treize colonies restent fidèles à la couronne britannique ou au moins indifférents. L'insurrection a un grand retentissement dans la noblesse libérale d'Europe. La Fayette (dix-neuf ans) et beaucoup d'officiers européens rejoignent les *Patriots*. Leur expérience militaire sera précieuse aux insurgés. L'écrivain Beaumarchais livre des armes avec l'approbation du ministre des Affaires étrangères, Vergennes. Le roi Louis XVI se résout enfin à envoyer des troupes régulières outre-Atlantique. Elles permettront aux insurgés d'emporter la décision à la bataille de Yorktown.

3 septembre 1783 : traité de Versailles et indépendance des États-Unis

Le traité de Versailles consacre l'indépendance des États-Unis d'Amérique. Mais la France paie cher sa revanche sur l'Angleterre. Les finances du royaume sont à sec et le roi est confronté à l'urgente nécessité d'une réforme.

Révolution démocratique en France

Du fait de la guerre d'Indépendance américaine et des gaspillages de la Cour, les dépenses de l'État dépassent de beaucoup les recettes fiscales. La France est riche mais le poids de l'impôt repose presque uniquement sur les pauvres. Les nobles et beaucoup de bourgeois ont réussi à s'en défaire en usant de leur pouvoir de pression. La dette de l'État est bientôt telle que ses créanciers ne veulent plus lui prêter de l'argent.

Mais les privilégiés refusent tout changement. Ils s'accrochent d'autant plus à leurs privilèges fiscaux qu'ils s'appauvrissent en menant grand train à la Cour. Ils revendiquent avec acharnement le paiement des redevances seigneuriales que leur doivent leurs paysans. Les plus habiles sont les magistrats du Parlement de Paris. Ils gagnent le soutien du peuple et de la bourgeoisie éclairée dans la défense de leurs privilèges en présentant la volonté de réforme du roi comme une manifestation de tyrannie.

Le roi ne voit plus d'autre solution que de consulter les représentants de la nation. Il convoque à Versailles les « États généraux » selon une procédure qui remonte au Moyen Âge. Les députés sont répartis selon les trois ordres de la société : la moitié représente les deux ordres privilégiés : le clergé et la noblesse ; l'autre moitié, le reste de la nation, aussi appelé *tiers état*, soit près de 98 % de la population !

5 mai 1789 : réunion des États généraux à Versailles

Sitôt réunis, les députés du tiers état se rebellent contre l'autorité royale et font serment de ne pas se séparer avant d'avoir donné une Constitution à la France. Les États généraux se constituent finalement en Assemblée nationale constituante.

14 juillet 1789 : prise de la Bastille

Mais le roi et la Cour ne se résignent pas. Des troupes sont cantonnées près de Versailles. À Paris, on s'inquiète. Quand le roi renvoie son ministre, le populaire Necker, c'est l'émeute. La foule prend d'assaut une vieille forteresse, la Bastille. Dans les campagnes, les paysans pillent les châteaux. C'est la *Grande Peur*. Pour ramener le calme, les députés décident dans la nuit du 4 août d'abolir ce qui reste des droits féodaux. Puis ils votent la *Déclaration des droits de l'homme et du citoyen*.

4 août 1789 : abolition des privilèges féodaux

Par sa clarté et sa précision, la *Déclaration* est un chef-d'œuvre de la langue française et un texte de droit exemplaire, universel et intemporel. Elle énonce les droits de l'individu en faisant fi du régime politique, de la religion et des différences sexuelles. Retenons ne

26 août 1789 : Déclaration des droits de l'homme et du citoyen

serait-ce que l'article premier : « Les hommes naissent et demeurent libres et égaux en droits ; les distinctions sociales ne peuvent être fondées que sur l'utilité commune. » En quelques mots, cet article met hors la loi les statuts dérogatoires, l'esclavage, les discriminations sexuelles, religieuses ou autres. Deux siècles après, on peut regretter que l'on soit encore si loin de sa mise en application.

La Révolution française dérape

Comme le roi hésite à approuver l'abolition des droits seigneuriaux, une foule de Parisiennes va le chercher à Versailles. La famille royale ainsi que l'Assemblée constituante s'installent au palais des Tuileries. L'Assemblée réforme hardiment les institutions. Elle crée quatre-vingt-trois départements, introduit l'égalité devant la loi, garantit la liberté religieuse, supprime les douanes intérieures, abolit les organisations professionnelles, instaure l'état civil, introduit le divorce et le mariage civil, supprime le privilège d'aînesse dans les héritages...

12 juillet 1790 : Constitution civile du clergé

Elle n'oublie pas qu'elle doit aussi résoudre la crise fiscale. Les caisses de l'État sont vides. Alors, sur une idée de Talleyrand, évêque d'Autun, les députés nationalisent les biens de l'Église. Mais le clergé a besoin d'argent pour vivre et aussi financer ses innombrables œuvres sociales et éducatives. Qu'à cela ne tienne. Les députés votent la *Constitution civile du clergé* qui garantit un revenu à chaque prêtre. Mais le pape condamne le texte.

1er octobre 1791 : début de la Législative

Le roi, très pieux, se met dès lors en retrait de la Révolution. Il tente avec sa famille de fuir Paris mais il est rattrapé dans un petit village du nom de Varennes. Dès lors, la ferveur monarchiste des Français commence à s'effriter... Pourtant, la Constitution entre en application. Elle inaugure une monarchie à l'anglaise avec une Assemblée législative.

10 août 1792 : déchéance de la monarchie française

Louis XVI, son entourage et les émigrés français poussent les souverains étrangers à intervenir. De leur côté, les révolutionnaires se prennent à espérer une guerre victorieuse qui consoliderait la monarchie constitutionnelle. Sur la base de ce très mauvais calcul, l'Assemblée législative et le roi Louis XVI déclarent la guerre au « roi de Bohême et de Hongrie », en fait l'empereur François II, neveu de la reine Marie-Antoinette.

Dès l'été, la France est envahie cependant que les Prussiens menacent Paris d'un mauvais sort. Surexcitée, la foule envahit les Tuileries. Le roi est déchu et incarcéré avec sa famille dans la prison du Temple. Une nouvelle assemblée, la Convention, est élue. Elle se réunit au lendemain d'une victoire sur les Prussiens à Valmy, et proclame l'abolition de la monarchie.

20 septembre 1792 : bataille de Valmy

La Ire République française

La Ire République française

Le roi est guillotiné cependant que se forme une première coalition européenne contre la France. À la Convention, les députés du parti de la *Montagne*, menés par Robespierre, veulent instaurer la dictature pour sauver les acquis de la Révolution et repousser l'invasion. Ils s'appuient sur les *sans-culottes* parisiens, artisans et petits commerçants à la pointe du combat républicain, ainsi appelés parce qu'ils portent des pantalons et non des culottes de soie comme les nobles et les bourgeois.

21 septembre 1792 : début de la Convention, Ire République

La Convention proclame la « patrie en danger » et annonce la levée de trois cent mille hommes. Les paysans de l'ouest de la France s'insurgent aussitôt au nom de leur foi catholique et de leurs convictions monarchistes. C'est le début des impitoyables guerres civiles de Vendée. L'Assemblée confie le gouvernement à un *Comité de salut public* vite dominé par Robespierre. Il s'ensuit quinze mois de terreur. Environ vingt mille personnes sont exécutées pour une raison ou pour une autre. Mais la menace d'invasion étrangère est écartée et les armées de la Révolution occupent même les anciens Pays-Bas autrichiens (la Belgique actuelle).

21 janvier 1793 : exécution du roi Louis XVI

27 juillet 1794 : chute de Robespierre et fin de la Terreur

18 octobre 1797 :
traité de
Campoformio entre
la France et
l'Autriche

9 novembre 1799 :
coup d'État de
Bonaparte et fin de
la Révolution
française

21 mars 1804 :
Bonaparte
promulgue le Code
civil

2 décembre 1804 :
sacre de Napoléon Ier

21 octobre 1805 :
bataille navale de
Trafalgar

Rassurés, les députés sacrifient Robespierre (9 thermidor an II selon le calendrier républicain) et mettent fin à la Terreur. Ils donnent à la France un nouveau régime, le Directoire, ainsi nommé parce que à sa tête figurent cinq *Directeurs*. Le Directoire relance les réformes, encourage la reprise économique et, pour remplir les caisses de l'État, recommande à ses généraux de piller les pays conquis. Le jeune Napoléon Bonaparte ne se le fait pas dire deux fois. Son armée d'Italie remporte de glorieuses victoires, impose la paix aux Autrichiens par le traité de Campoformio... et pille consciencieusement la péninsule italienne.

Le Consulat et l'Empire

Les Anglais ne tolèrent pas que les Français occupent la Belgique. Aussi fomentent-ils une deuxième coalition cependant que Bonaparte s'embarque pour une désastreuse campagne en Égypte. Quand le général revient en France, la situation politique est anarchique. Bonaparte est sollicité pour conduire un coup d'État et installer une République forte (18 Brumaire an VIII). C'est ainsi que naît le Consulat.

Bonaparte (trente ans), maître tout-puissant de la France avec le titre de Premier consul, complète les réformes du Directoire : Code civil, monnaie, éducation. Il repousse les ennemis extérieurs, établit la paix dans toute l'Europe et signe même un concordat avec le pape. La Révolution est finie et beaucoup songent à restaurer la royauté. Mais Bonaparte ne l'entend pas de cette oreille. Il terrorise les royalistes en faisant assassiner un jeune prince de sang royal, le duc d'Enghien. Il se fait enfin sacrer empereur à Notre-Dame de Paris par le pape, contraint et forcé.

Les Anglais fomentent une troisième coalition. Entraîné dans une fuite en avant, Napoléon Ier soumet l'Europe continentale à ses ordres, abat de vieilles dynasties, modèle et remodèle les frontières en fonction des aléas militaires. Les peuples asservis cèdent aux sirènes du nationalisme et se soulèvent contre les Français, à commencer par les Espagnols auxquels on doit l'invention du mot *guérilla*.

Pendant ce temps, l'inflexible Angleterre consolide son hégémonie sur les océans, étend son emprise sur les Indes et développe ses relations commerciales avec l'Empire chinois. Dans l'Amérique hispanique, la tourmente napoléonienne permet aux bourgeoisies créoles ou blanches de proclamer leur indépendance. Elles en profitent pour asseoir leur domination sur les populations métisses et ouvrir leurs ports aux navires de commerce anglais et américains. Les États-Unis achètent à la France l'immense Louisiane et doublent d'un coup leur superficie.

L'empereur des Français est acculé à l'abdication en 1814. Le frère cadet de Louis XVI restaure la monarchie et devient roi sous le nom de Louis XVIII. Il octroie une Charte constitutionnelle à l'anglaise.

Quelques mois plus tard cependant, l'ex-empereur quitte son exil douillet de l'île d'Elbe, il reprend le pouvoir et inaugure les Cent-Jours. Après la défaite de Waterloo et un exil définitif à Sainte-Hélène, il laisse la France plus affaiblie que jamais. Les Alliés ramènent ses frontières en deçà de ce qu'elles étaient en 1792 et le roi Louis XVIII ne peut plus contenir la soif de revanche des émigrés royalistes. C'est la *Terreur blanche*, le blanc étant la couleur du nouveau drapeau.

La Sainte-Alliance

Après la tourmente révolutionnaire et la chute de Napoléon Ier, le tsar Alexandre Ier, l'empereur d'Autriche François Ier et le roi de Prusse Frédéric-Guillaume Ier signent le pacte de la Sainte-Alliance afin de promouvoir les préceptes de justice, de charité et de paix « au nom de la Très Sainte et Indivisible Trinité des trois puissances orthodoxe,

2 décembre 1805 : bataille d'Austerlitz

6 août 1806 : dissolution du Saint-Empire romain germanique

18 juin 1815 : bataille de Waterloo et fin du premier Empire

26 septembre 1815 : pacte de la Sainte-Alliance

catholique et protestante ». Ils sont rejoints par le Royaume-Uni puis par la France de Louis XVIII. L'Europe va dès lors vivre dans une paix relative pendant près d'un demi-siècle. La carte du continent est à peine modifiée par l'indépendance de la Belgique et de la Serbie (1830).

La Révolution industrielle

En Angleterre, les innovations techniques s'étaient multipliées dès la fin du XVIIe siècle en liaison avec les progrès de l'alphabétisation et une plus grande liberté d'expression. Après l'invention de la machine à vapeur par James Watt (1769), on peut parler de révolution industrielle tant les changements deviennent rapides, une invention en appelant une autre (comme aujourd'hui avec l'informatique et l'internet).

La machine à vapeur fonctionne au début avec du charbon de bois. Bientôt, le bois ne suffit plus. Il faut du charbon de terre (houille). Riches en gisements houillers, l'Angleterre, la Belgique et l'Allemagne prennent de ce fait une certaine avance dans l'industrialisation. À la suite de l'invention de la locomotive par Stephenson (1813), les chemins de fer connaissent aussi un rapide essor dans toute l'Europe et aux États-Unis.

20 octobre 1827 : bataille de Navarin

En Europe occidentale comme au Royaume-Uni, la bourgeoisie tient le haut du pavé. Elle participe au gouvernement et n'est plus snobée par l'aristocratie comme au siècle précédent. Elle cultive les vertus de travail et d'épargne propices à ses affaires. Mais la jeunesse préfère à ces vertus les passions sentimentales et l'amour de la Nature. C'est le triomphe du romantisme dans les arts et les lettres. En politique, on s'enflamme pour les causes humanitaires...

Naissance du droit d'ingérence

14 juin 1830 : prise d'Alger par les troupes françaises

Les Grecs se soulèvent contre l'oppresseur turc. Ils sont réprimés avec brutalité (deux cent mille morts). Pour les soutenir, Eugène

Delacroix expose *Scènes des massacres de Scio* (1824) et le poète Byron s'engage à leurs côtés. Finalement, les puissances occidentales s'unissent contre les Turcs. Elles détruisent leur flotte dans la rade de Navarin et arrachent l'indépendance de la Grèce. Ce sont les prémices du *droit d'ingérence* cher à Bernard Kouchner.

Le sultan comprend qu'il doit moderniser son pays sans attendre. Par la charte de *Gulhané* (1839), il proclame l'égalité devant la loi de tous ses sujets, quelle que soit leur religion, en contradiction avec la Loi coranique qui fait des non-musulmans des protégés (*dhimmis*) ou citoyens de seconde zone. Mais le jeune sultan (seize ans) est trop faible pour mener à son terme la rénovation de son pays, comme après lui les empereurs de Russie et de Chine. Chez les Turcs montent de violents ressentiments contre les minorités chrétiennes (Arméniens et Grecs). Ils vont aboutir à des dérives ultra-nationalistes et réactionnaires.

27-29 juillet 1830 : révolution des Trois Glorieuses à Paris

En France, le roi Charles X, frère et successeur de Louis XVIII, est violemment critiqué par les libéraux. Il organise une opération militaire contre la régence d'Alger pour détourner l'attention de l'opinion publique des affaires intérieures. Alger, ancien repaire de pirates, est conquis sans trop de mal mais le roi Charles X n'en doit pas moins quitter le pouvoir un mois plus tard. Il est remplacé par un cousin de la branche rivale des Orléans, Louis-Philippe Ier. Les Français n'ont guère envie de rester en Algérie et négocient des arrangements avec les chefs locaux. Mais l'un d'eux, Abd el-Kader, se rebiffe et proclame la guerre sainte. Les Français soumettent dès lors le pays avec une rare brutalité.

4 octobre 1830 : indépendance de la Belgique

À part la conquête de l'Algérie, la France sommeille sous le règne du « roi bourgeois » Louis-Philippe Ier. L'Église catholique en profite pour récupérer la place privilégiée qui était la sienne avant la Révolution. Pacifique, le roi inaugure une *Entente cordiale*

3 novembre 1839 : charte de Gulhané

avec le Royaume-Uni et rencontre la reine Victoria.

L'Angleterre, puissance impériale

À l'épreuve des guerres napoléoniennes, le Royaume-Uni devient la première puissance industrielle et maritime du monde. Son rayonnement planétaire, sans précédent historique, repose sur la domination des mers, telle que l'exprime un refrain à la mode : « Britannia rules the Waves » (Britannia domine les flots). Aux Indes, ses marchands et ses soldats imposent leurs volontés à l'empereur moghol et aux princes hindous.

29 août 1842 : traité de Nankin et fin de la guerre de l'opium

Les Anglais s'immiscent dans l'Empire du Milieu (la Chine) en vendant aux Chinois de l'opium produit aux Indes. Le gouverneur de Canton ayant fait saisir et brûler une cargaison, Londres s'en indigne et considère que l'affaire porte atteinte aux sacro-saints principes du libre-échange. Une escadre va demander réparation à l'empereur. La *guerre de l'opium* se conclut par le traité de Nankin, par lequel le gouvernement chinois ouvre ses ports aux Anglais et leur cède l'îlot de Hongkong qui commande l'accès à la Chine du Sud. C'est la première application de la *diplomatie de la canonnière*. C'est aussi le premier des *traités honteux* qui vont livrer la Chine aux Occidentaux.

1851-1864 : insurrection des Taiping en Chine

Une secte, les *Taiping*, appelle les Chinois à se révolter contre la dynastie mandchoue, coupable de collusion avec les « Diables roux ». Elle est anéantie par les forces impériales, appuyées par un corps expéditionnaire britannique. Londres, en effet, préfère avoir affaire à Pékin à un gouvernement mandchou sénile plutôt qu'à une nouvelle dynastie conduite par un chef énergique. La révolte fait une vingtaine de millions de morts dans un pays qui en compte trois cents millions, soit le tiers environ de la population mondiale. Celle-ci franchit le cap du milliard au milieu du XIXe siècle.

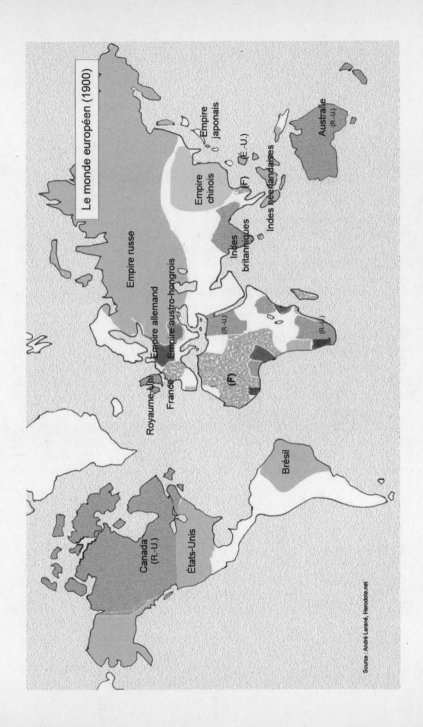

Le monde européen (1900)

Empire russe

Empire allemand

Empire austro-hongrois

Royaume-Uni

France (F)

(R.-U.)

(R.-U.)

Empire chinois

Empire japonais

Indes britanniques

Indes néerlandaises

(É.-U.)

(F)

Australie (R.-U.)

Canada (R.-U.)

États-Unis

Brésil

Source : André Larané, Herodote.net

VII

Apogée de l'Europe (1848-1898)

Après un millénaire fécond et souvent douloureux, l'Europe entre au milieu du XIXe siècle dans une exceptionnelle période de stabilité et de paix, seulement entrecoupée de guerres locales (Piémont-Autriche, Autriche-Prusse, France-Allemagne) bouclées en quelques semaines et rapidement surmontées. Les barrières douanières tombent et une union monétaire, l'Union latine, réunit de très nombreux pays autour de la France.

Pendant un demi-siècle, plus forts et plus unis que jamais, les Européens façonnent le monde à leur guise, avec parfois brutalité et cynisme. Ils ne rechignent pas à unir leurs forces armées, qu'il s'agisse de combattre les Turcs, les Russes ou encore les Chinois. La plupart des États actuels, en Afrique et dans la majeure partie de l'Asie, sont issus des conquêtes européennes de cette période.

Les Européens engendrent de gigantesques transferts de population vers le Nouveau Monde. Ils diffusent leurs langues, en premier lieu le portugais, l'espagnol et l'anglais, autour de la planète. Ils diffusent aussi des idéaux de liberté et de progrès qui vont mettre en mouvement les peuples du monde entier, du Japon à la Turquie.

Le printemps des peuples

24 février 1848 : abdication de Louis-Philippe Ier et début de la IIe République

Début 1848, à Paris, une manifestation républicaine dégénère en émeute. Louis-Philippe Ier révoque son président du Conseil, François Guizot, et le remplace par Adolphe Thiers. Ce dernier lui conseille rien de moins que d'évacuer la capitale et d'y revenir en force avec son armée. Le vieux roi, horrifié à la perspective de faire couler le sang du peuple, préfère abdiquer et laisse la place à une IIe République.

La révolution parisienne a un énorme retentissement dans les élites européennes. Devant la contagion révolutionnaire, les monarques concèdent des Constitutions à Berlin, Munich, Vienne, Turin... C'est *le printemps des peuples*. Victor Hugo en appelle à la fondation des « États-Unis d'Europe », prélude d'un gouvernement mondial. À Milan, les révolutionnaires contestent l'occupation autrichienne. Ils renoncent à fumer pour ne pas payer la taxe sur le tabac mais les troupes d'occupation les narguent en fumant sous leur nez de voluptueux cigares ! Le petit roi de Piémont-Sardaigne entre en guerre contre l'Autriche mais se fait battre et abdique le soir même.

Tout rentre très vite dans l'ordre... en apparence. Tandis que s'éteint le mouvement romantique, la bourgeoisie prend conscience de la question sociale. Le développement industriel a entraîné dans les villes la formation d'une classe ouvrière nombreuse, pauvre et revendicative. Elle s'organise en sociétés mutualistes et en syndicats pour faire pression sur les patrons avec le concours de théoriciens comme le Français Joseph Proudhon ou l'Allemand Karl Marx. Ce dernier publie avec son ami Friedrich Engels un opuscule : *Manifeste du parti communiste*, qui se clôt par cet appel : « Prolétaires de tous les pays, unissez-vous ! » (1848).

En France, les élus républicains, méfiants à l'égard du monde ouvrier, ne craignent pas de faire donner la troupe pour réprimer des émeutes de la faim. En trois jours, on relève quatre mille morts parmi les insurgés et seize cents parmi les forces de l'ordre. Quinze mille personnes sont arrêtées et des milliers déportées sans jugement. La République est discréditée. Mais un homme a compris la nouvelle donne sociale. Il porte un nom illustre, Louis Napoléon Bonaparte. C'est le neveu de l'ex-empereur des Français. Aventurier et conspirateur (lui-même se dit socialiste), il se porte candidat aux élections

23-26 juin 1848 : le gouvernement français réprime une insurrection ouvrière

10 décembre 1848 :
Louis Napoléon
Bonaparte élu
président de la
République

2 décembre 1852 :
Louis Napoléon
Bonaparte devient
l'empereur
Napoléon III

1854-1856 :
guerre de Crimée

24 juin 1859 :
bataille de
Solferino

24 novembre 1859 :
Charles Darwin
publie *De l'origine*
des espèces

24 mars 1860 :
la France reçoit
Nice et la Savoie
par le traité
de Nice

présidentielles et se fait élire haut la main au suffrage universel.

Premier président de la République française, Louis Napoléon cultive sa popularité en se démarquant de la majorité conservatrice de l'Assemblée. Élu pour quatre ans, il souhaiterait se représenter mais la Constitution le lui interdit. Louis Napoléon ne voit plus qu'une solution : le coup d'État. C'est chose faite le 2 décembre 1851, jour anniversaire du sacre de Napoléon Ier et de la bataille d'Austerlitz. Un an plus tard, il devient empereur des Français sous le nom de Napoléon III.

Le second Empire

En moins de deux décennies, la France du second Empire entre de plain-pied dans l'ère industrielle. Elle se modernise plus vite qu'en aucune autre période de son Histoire. Les banquiers financent la construction du réseau ferroviaire. De grands centres métallurgiques se créent de toutes pièces (Le Creusot).

Napoléon III introduit le droit de grève (1864). Il signe aussi un traité de libre-échange avec le Royaume-Uni et institue une union monétaire, *l'Union latine*, qui englobera jusqu'à la Première Guerre mondiale de nombreux pays. Victor Duruy, ministre de l'Instruction publique, promeut un enseignement populaire, gratuit et même ouvert aux filles. Le préfet Haussmann modernise Paris. Le diplomate de Lesseps creuse le canal de Suez (1869)...

L'empereur est moins heureux en diplomatie. La France mène une guerre victorieuse mais difficile en Crimée, côte à côte avec les Anglais, pour protéger la Turquie contre les empiètements de la Russie. C'est la première fois depuis sept cents ans que Français et Anglais combattent ensemble. L'empereur veut là-dessus corriger la carte de l'Europe et promouvoir le « droit des peuples à disposer d'eux-mêmes ». En échange de

Nice et de la Savoie, il aide le roi de Piémont-Sardaigne à chasser d'Italie les Autrichiens. C'est chose faite après la sanglante bataille de Solferino. Celle-ci émeut un banquier genevois, Henri Dunant, et l'amène à créer la *Croix-Rouge*.

Les nuages s'accumulent en Occident

Outre-Atlantique, les États-Unis se déchirent sur la question de l'esclavage. Les États du Sud, voués à la culture du coton, font sécession pour le conserver. Le président Abraham Lincoln engage la guerre pour restaurer l'unité du pays. Le Nord l'emporte après cinq ans de batailles féroces (1860-1865) qui mettent en œuvre pour la première fois des moyens industriels (réseau ferroviaire, cuirassés, mitrailleuses…). C'est une préfiguration des carnages du XXᵉ siècle.

Napoléon III profite de ce que les États-Unis sont en guerre pour intervenir au Mexique sous prétexte d'obtenir le remboursement d'une dette. Il a l'idée d'y fonder un empire avec à sa tête Maximilien, le frère de l'empereur d'Autriche François-Joseph Iᵉʳ. L'affaire tourne au fiasco et Maximilien est fusillé par les Mexicains (1867).

En Russie, le tsar Alexandre II, conscient du retard de son pays, engage des réformes audacieuses : abolition du servage, introduction de la démocratie locale et même du parlementarisme. Mais son assassinat par des anarchistes interrompt brutalement ce processus en 1881. L'empereur du Japon a plus de chance. À peine intronisé (1867), Meiji, né Mutsuhito (quinze ans), prend les rênes du pouvoir et engage une modernisation à marches forcées pour éviter à son pays de subir le sort de la Chine.

Le chancelier du roi de Prusse, Otto von Bismarck, exploite le « droit des peuples à disposer d'eux-mêmes » pour réaliser autour de son pays l'unité de l'Allemagne. L'Autriche en fait les frais. Elle est battue

1860-1865 : guerre de Sécession

14 avril 1865 : assassinat du président américain Abraham Lincoln

23 décembre 1865 : naissance de l'Union latine (union monétaire)

9 novembre 1867 : l'empereur Meiji lance la modernisation du Japon

3 juillet 1866 : bataille de Sadowa

8 février 1867 : naissance de l'Autriche-Hongrie

**2 septembre 1870 :
Napoléon III battu
et fait prisonnier à
la bataille de Sedan**

par la Prusse à Sadowa. François-Joseph Ier (le mari de *Sissi*) prend alors conscience de la fragilité de son empire multinational. Il le transforme en une double-monarchie, l'Autriche-Hongrie, Autrichiens de langue allemande et Hongrois dirigeant chacun le territoire qui leur revient sous l'autorité nominale de l'empereur. C'est le début d'une relative prospérité et d'une exceptionnelle effervescence intellectuelle.

Premier orage

À Berlin, Bismarck ne voit plus qu'un obstacle à l'unité allemande : la France. Il pousse habilement Napoléon III à déclarer la guerre à la Prusse. L'armée française, mal préparée, est écrasée en six semaines et l'empereur lui-même, vieilli et malade, est fait prisonnier à Sedan. Deux jours plus tard, à l'annonce de cette nouvelle, les Parisiens proclament la IIIe République.

**4 septembre 1870 :
proclamation à
Paris de la IIIe
République
française**

Le roi de Prusse est proclamé empereur d'Allemagne dans la galerie des Glaces du château de Versailles. C'est la naissance du IIe Reich (près de mille ans après le Ier Reich d'Otton Ier). Bismarck impose un lourd tribut à la France et annexe l'Alsace et la Lorraine du Nord.

**28 janvier 1871 :
proclamation à
Versailles du
IIe Reich allemand**

La IIIe République

Humiliés par leur défaite face aux Prussiens, des Parisiens fomentent une émeute sur la butte Montmartre. Adolphe Thiers, chef du gouvernement provisoire, évacue aussitôt les corps constitués à Versailles. Dans la capitale livrée à elle-même, se forme une Commune insurrectionnelle composée de militants révolutionnaires sans expérience. Elle est anéantie par l'armée au bout de six semaines. Avec vingt mille morts et trente-huit mille arrestations, le mouvement ouvrier est décapité pour longtemps.

**18 mars-28 mai
1871 : insurrection
de la Commune de
Paris**

Les dirigeants républicains, une fois dissipées les affres de l'occupation allemande, engagent le combat contre le clergé catholique. « Le cléricalisme, voilà l'ennemi ! » lance le tribun Léon Gambetta. Jules Ferry, ministre de l'Instruction publique puis président du Conseil, chasse les religieux de l'enseignement et rend l'enseignement primaire laïc, gratuit et obligatoire.

Jules Ferry engage la République française dans la colonisation au nom de motifs humanitaires. « Le devoir des races supérieures est de civiliser les races inférieures », proclame-t-il avec les mots de son époque (1885). Jusque-là, la colonisation était le fait de marchands ou d'aventuriers. Désormais, elle est prise en main par les États. Le Premier ministre britannique Benjamin Disraeli offre à la reine Victoria le titre d'impératrice des Indes (1877).

1er janvier 1877 : la reine Victoria devient impératrice des Indes

Colonisation et racisme

Comme il ne reste plus grand-chose dans le monde qui ne soit déjà entre les mains des Européens, à l'exception de l'Afrique noire, une conférence se réunit à Berlin pour procéder au partage de celle-ci. Malgré le soin mis à dissimuler les horreurs des conquêtes coloniales, ces dernières laissent l'opinion populaire indifférente, voire hostile.

La colonisation va de pair en Europe avec la montée du nationalisme et de l'esprit de compétition entre les États. La France elle-même est partagée entre le désir d'en découdre avec sa vieille ennemie, l'Angleterre, et celui de reprendre à l'Allemagne l'Alsace-Lorraine. Dans les élites en voie de déchristianisation, on exalte volontiers les vertus régénératrices de la guerre en invoquant (à tort) la théorie de Charles Darwin sur la *sélection naturelle* selon laquelle les groupes les plus forts ont vocation à s'imposer aux groupes les plus faibles (1859).

26 février 1885 : partage de l'Afrique à la conférence de Berlin

5 janvier 1895 :
condamnation du
capitaine Dreyfus

Le nationalisme se conjugue avec l'antijudaïsme chrétien et la dénonciation par la gauche sociale de la *ploutocratie juive* pour engendrer un monstre idéologique, l'antisémitisme. La condamnation d'Alfred Dreyfus, un officier juif accusé à tort de trahison, coupe la France en deux. Au vu des déchaînements de haine antisémite dans la patrie des droits de l'homme, un journaliste hongrois, Theodor Herzl, plaide pour la création d'un État juif. Ce sera Israël.

VIII

Crise européenne et guerres mondiales
(1898-1945)

Quand débute le XXᵉ siècle, tout semble sourire à l'Europe. Le continent et son alter ego américain dominent la planète par la force de leurs armes et plus encore par le dynamisme de leurs industriels, de leurs savants et de leurs marchands. Les Européens communient dans le sentiment d'appartenir à une même civilisation. Artistes et intellectuels participent à des mouvements culturels comme l'Art nouveau qui transcendent les frontières nationales. Marchandises et voyageurs circulent avec un minimum de contraintes.

Cet aboutissement de mille ans de progrès quasi constants va sombrer en quelques années. Au terme de deux guerres mondiales et avec le concours de quelques dictateurs de malheur, l'Europe va tourner le dos à ses valeurs et à ses traditions. Songeons seulement qu'en un tiers de siècle, de 1914 à 1945, les guerres ont massacré plus d'innocents que tous les souverains européens en un millénaire.

Avec 100 à 200 millions de décès imputables aux guerres et à la violence d'État, soit 5 à 10 % de la population mondiale de l'époque, cette génération (1914-1945) apparaît comme la plus violente de toute l'Histoire de l'humanité. « L'homme est désormais sans illusion sur le fauve qui dormait en lui », écrit l'historien René Grousset.

Vers la guerre

Le XXᵉ siècle débute sous les meilleurs auspices. La deuxième révolution industrielle, fondée non plus sur la vapeur et le charbon mais sur l'électricité et le pétrole, laisse entrevoir des lendemains qui chantent. L'Exposition universelle de Paris accueille cinquante millions de visiteurs, en parallèle avec les IIᵉ jeux Olympiques de l'ère moderne. Elle témoigne de la foi des

**15 avril-
12 novembre 1900 :
Exposition
universelle de Paris**

élites dans le progrès (cinéma, automobile, aviation...). Albert Einstein, un scientifique inconnu de vingt-cinq ans, chamboule la physique classique héritée d'Isaac Newton. Sa théorie dite *de la relativité* ouvre l'ère de l'atome.

1899-1902 : guerre des Boers (Afrique du Sud)

Mais le Royaume-Uni rencontre ses premiers échecs en Afrique du Sud. Ils sont le fait des paysans boers d'origine hollandaise ou française qui se révoltent pour maintenir l'autonomie de leurs communautés rurales. Les Britanniques enferment les femmes et les enfants dans les premiers camps de concentration de l'Histoire. Malgré leur brutalité, ils doivent concéder aux Boers une paix de compromis.

22 janvier 1905 : « Dimanche rouge » à Saint-Pétersbourg

En Asie, la diplomatie britannique encourage le Japon à attaquer la Russie car elle craint les visées coloniales du tsar sur les Indes. La flotte russe est défaite dans la mer du Japon (1905). Cette première victoire d'un pays non européen a un retentissement énorme dans tous les pays colonisés qui y voient l'espoir de se défaire du joug européen. Elle précipite la décomposition de l'Empire chinois et entraîne la proclamation de la République à Canton (1911). Elle ébranle aussi le pouvoir tsariste, qui doit faire face à une première révolution ouvrière et démocratique.

27 mai 1905 : les Japonais anéantissent la flotte russe à Tsushima

Pour faire face à la montée des menaces, les trois grands États d'Europe centrale se lient par une alliance défensive, la *Triplice*. Il s'agit du royaume d'Italie, unifié depuis peu, de l'Autriche-Hongrie, minée par les revendications de ses minorités, et de la puissante Allemagne. De son côté, la France, qui entretient des rapports tendus avec l'Allemagne et cultive envers l'Autriche une méfiance qui remonte à la rivalité de Charles Quint et de François Ier, constitue avec le Royaume-Uni et la Russie une autre alliance défensive : la *Triple-Entente*.

L'Allemagne accroît sa flotte de guerre et entraîne le Royaume-Uni dans une périlleuse course aux armements. La France porte en 1913 la durée du service militaire obligatoire de deux à trois ans. Il suffit d'une étincelle pour provoquer l'explosion.

La Grande Guerre (1914-1918)

Le 28 juin 1914, un terroriste serbe tue l'archiduc Ferdinand, héritier de la couronne austro-hongroise. C'est le début d'un enchaînement fatal. L'empereur allemand Guillaume II encourage François-Joseph Ier à punir la Serbie. Mais la Russie apporte son soutien à cette dernière. La France, à son tour, apporte sa garantie à la Russie... La tension monte. Comme des cow-boys, les gouvernants ont le doigt sur la gâchette. Ils pensent que le premier à dégainer aura un avantage décisif. Fin juillet, l'Autriche attaque la Serbie et la Russie entre aussitôt dans la guerre. Début août, l'Allemagne attaque la France en envahissant la Belgique dont la neutralité était garantie par... Londres. Les Anglais, au nom de la parole donnée, déclarent à leur tour la guerre à l'Allemagne.

L'invasion allemande est stoppée net par la contre-offensive du général Joffre sur la Marne. Aussitôt, les Allemands creusent des tranchées et s'y incrustent. Les Français font de même. Le front franco-allemand se stabilise dans la boue, de la mer du Nord aux Vosges. Même chose sur le front russe.

Le conflit a débuté à l'ancienne mode, avec charges de cavaliers en gants blancs et progressions de fantassins en uniformes colorés, baïonnettes en avant. Très vite, il se transforme en une guerre totale d'un genre encore inconnu, avec des armes et des techniques nouvelles : gaz de combat, chars d'assaut, mitrailleuses, barbelés, aviation. La France mobilise quatre millions d'hommes (10 % de sa population totale), l'Angleterre deux millions...

10 octobre 1911 : insurrection républicaine en Chine

28 juin 1914 : assassinat de l'archiduc Ferdinand à Sarajevo

1er août 1914 : début de la Première Guerre mondiale (ou Grande Guerre)

**24 avril 1915 :
génocide des
Arméniens**

En 1915, toutes les tentatives de rompre le front échouent au prix de pertes sanglantes. L'Italie se détourne de ses anciens alliés et entre dans la guerre aux côtés de la France et de l'Angleterre, en échange de promesses d'annexions. La Turquie s'allie aux Puissances centrales et, aussitôt, les Alliés franco-britanniques ouvrent un nouveau front aux portes d'Istamboul. Prétextant la complicité de ses sujets arméniens avec les Russes, le gouvernement turc entame leur extermination. C'est le premier génocide de l'époque moderne.

**21 février 1916 :
début de la bataille
de Verdun**

**1er juillet 1916 :
début de la bataille
de la Somme**

1916 est l'année des grandes offensives de Verdun et de la Somme qui se soldent par des centaines de milliers de morts sans résultat. 1917 se signale par des crises gravissimes. Le tsar est détrôné en février-mars au profit d'une république démocratique. En avril, les États-Unis entrent dans la guerre aux côtés de l'Entente franco-anglaise. En octobre-novembre 1917, la démocratie russe est victime d'un coup de force des *bolcheviques*. Leur chef, Lénine, conclut immédiatement un armistice avec les Puissances centrales qui reportent dès lors leurs efforts sur le front occidental.

**6 novembre 1917 :
révolution
d'Octobre à
Petrograd (Russie)**

En mars 1918, au prix d'un gigantesque effort, les Allemands arrivent à Château-Thierry et bombardent Paris avec des canons à longue portée. Pour parer au péril, le commandement des armées franco-anglaises est confié à un seul homme, le général Foch. En juillet, Foch passe à la contre-offensive avec les premières troupes américaines. Le front allemand s'effondre cependant que des insurrections d'inspiration bolchevique (ou communiste) se multiplient dans le pays.

Conséquences de la Grande Guerre

**11 novembre 1918 :
armistice entre
l'Allemagne et les
Alliés**

L'empereur allemand abdique et le gouvernement civil signe l'armistice. L'Autriche-Hongrie se désagrège quant à elle sous la poussée des minorités. Quatre ans de conflit laissent onze millions de morts. Les États européens entrent dans la paix avec des dettes énormes contractées pour l'essentiel auprès des États-Unis. Ces derniers apparaissent en définitive comme les grands vainqueurs de la guerre.

En Russie apparaît avec Lénine et les bolcheviques un régime d'une espèce inconnue. C'est le premier régime de nature *totalitaire*. Il sacrifie les libertés, les droits des individus et les prescriptions morales à une idéologie messianique qui promet le bonheur pour tous... sous réserve d'une obéissance inconditionnelle au Parti et à son chef.

Chacun en Europe sent que plus rien ne sera comme avant et que c'en est fini de la grande Europe qui imposait ses volontés au monde. Chacun espère aussi que la Grande Guerre sera la « der des der », la dernière guerre !

Le traité de paix avec l'Allemagne, signé à Versailles, impose à Berlin une réduction de son armée à cent mille hommes et des réparations financières colossales. La France récupère l'Alsace et la Lorraine du Nord. La Pologne est reconstituée sur le dos de l'Allemagne et de la Russie communiste, de même que d'autres petits États : Finlande, Lituanie, Lettonie, Estonie. L'Autriche-Hongrie laisse place à une petite république autrichienne germanophone ainsi qu'à une Hongrie et une Tchécoslovaquie.

28 juin 1919 : traité de paix de Versailles entre l'Allemagne et les Alliés

La Turquie est sauvée du dépeçage grâce à un général-dictateur, Mustafa Kemal. Celui-ci fonde une république laïque. Il échange aussi les Grecs de Turquie contre les Turcs de Grèce. C'est le premier nettoyage ethnique de l'époque moderne. La Serbie s'agrandit de provinces autrichiennes et devient Yougoslavie... L'Italie, amère, reproche aux Alliés de ne pas avoir récompensé son entrée dans la guerre par des annexions aussi étendues que prévu.

29 octobre 1923 : Mustafa Kemal fonde la République turque

Le président américain Thomas Woodrow Wilson lance l'idée d'une Société des Nations (SDN). Ancêtre de l'ONU, elle s'installe à Genève avec mission de désamorcer les conflits avant qu'ils n'éclatent.

Les Années folles

29 octobre 1922 : Mussolini est appelé à la tête du gouvernement italien

En Italie, un ancien leader socialiste, Benito Mussolini, exploite les déceptions nées de la paix. Il impose la dictature du parti *fasciste* avec des méthodes inspirées de Lénine mais en moins brutal. Il prône le culte de la Nation et la coopération de toutes les classes sociales sous l'égide de l'État. Une propagande habile lui vaut l'estime de nombreux démocrates européens.

11 janvier 1923 : la France occupe la Ruhr

En Allemagne, où la situation économique se dégrade, l'armée française occupe la Ruhr pour s'assurer du paiement des réparations de guerre. Dans les faits, l'occupation accélère le plongeon de la monnaie allemande qui ne vaut plus rien. Le mécontentement général favorise les organisations paramilitaires. Il s'agit de partis violents qui prônent une dictature communiste comme en Russie ou nationaliste comme en Italie.

Un agitateur, Adolf Hitler, tente à l'image de Mussolini de s'emparer du pouvoir à Munich. Le *putsch* échoue piteusement et Hitler est emprisonné quelques mois. Il en profite pour écrire un livre, *Mein Kampf* (*Mon combat*), où il présente un programme politique fondé sur l'annulation du traité de Versailles et la conquête de l'espace vital jugé indispensable à la population allemande. Dans ce même livre, Hitler accuse la bourgeoisie juive de faire obstacle à la prospérité de l'Allemagne et s'engage à libérer le pays de tous les Juifs.

L'agitation de Hitler et de son parti, le parti *nazi* (contraction de deux mots allemands qui signifient national-socialiste) demeure marginale. La république de Weimar reprend des couleurs. La vie culturelle s'épanouit et la production économique retrouve le chemin de la croissance.

Quand arrive 1929, l'horizon se dégage. La question des réparations est en voie de règlement. Le Français Aristide Briand et l'Allemand Gustav Stresemann prônent la réconciliation franco-allemande et l'union de l'Europe. En URSS (nouveau nom de la Russie), la libéralisation de l'économie, sous l'égide de Staline, le successeur de Lénine, laisse espérer que la dictature va desserrer son étreinte. Partout dans le monde, l'économie tourne à plein régime. Les États-Unis baignent dans l'euphorie et les classes moyennes découvrent l'automobile, la télévision, le cinéma parlant...

24 octobre 1929 : « jeudi noir » à la Bourse de New York

La crise et ses conséquences

Tout change en quelques mois... Une crise boursière à Wall Street (New York) dégénère en crise économique et frappe par vagues successives tous les pays développés.

Dans le même temps, en URSS, Staline met fin à la libéralisation de l'économie et renforce sa dictature avec une brutalité inouïe. Il exproprie les paysans. En Ukraine, six millions succombent à une famine planifiée. Le *Vojd* (*guide* en russe) envoie dans les camps de Sibérie et du Grand Nord (le *Goulag*) des millions d'opposants présumés. À la tête du premier régime officiellement athée et antireligieux, il promet une « société sans Dieu » et extermine à cet effet des millions de prêtres et de croyants.

6 janvier 1930 : Staline met fin à la NEP (Nouvelle Politique Économique)

L'Allemagne est durement frappée par la crise économique et ses cohortes de chômeurs font le bonheur des groupes paramilitaires. Deux partis antidémocratiques dominent la scène politique et la rue : le parti communiste et le parti nazi. Des politiciens conservateurs croient habile de s'appuyer sur le parti nazi pour contrer le parti communiste prosoviétique, qui leur fait horreur. C'est ainsi que le président Hindenburg nomme Hitler chancelier, autrement dit chef du gouvernement.

**30 janvier 1933 :
Hitler est appelé à
la tête du
gouvernement
allemand**

Hitler a tôt fait d'installer sa dictature. Il dissout l'Assemblée, fait incendier son siège, le *Reichstag*, et accuse du méfait les communistes qu'il met aussitôt hors la loi. Au bout de quelques mois, il ne reste plus rien des institutions démocratiques de l'Allemagne. Hindenburg étant mort, Hitler s'arroge le titre de *Führer* (*guide* en allemand) et proclame l'avènement du IIIe Reich.

Le nazisme

**15 septembre
1935 : premières
lois antisémites en
Allemagne**

**2 octobre 1935 :
Mussolini envahit
l'Éthiopie**

À Nuremberg, le *Führer* promulgue les premières lois antisémites destinées à placer les Juifs à l'écart de la société allemande. Dans le droit-fil de la pensée eugéniste à la mode dans les milieux progressistes, qui prône l'amélioration de la race humaine avec des méthodes scientifiques, il impose la stérilisation des handicapés. Il relance l'économie par l'investissement (travaux publics, armement). Mais c'est ensuite la politique internationale qui prend le dessus dans les préoccupations du dictateur.

En France, après le suicide d'un escroc, Stavisky, qui a trafiqué avec quelques politiciens de second rang, les ligues et les partis antirépublicains manifestent à Paris et dénoncent la corruption de la République (1934). Face à la menace présumée d'une dictature d'extrême droite, le parti communiste conclut une alliance électorale avec la SFIO (le parti socialiste) et le parti radical-socialiste. C'est le Front populaire.

**7 mars 1936 :
Hitler réoccupe la
Rhénanie**

Profitant de l'effervescence qui précède les élections françaises de mai 1936, Hitler ordonne à son armée, la Wehrmacht, de pénétrer en Rhénanie en violation du traité de Versailles. Le gouvernement français, tétanisé, laisse faire. Ce coup de bluff est la première victoire du *Führer*.

**3 mai 1936 :
victoire électorale
du Front populaire
en France**

En France, la victoire du Front populaire amène le socialiste Léon Blum à la présidence du Conseil. Son gouvernement introduit aussitôt la semaine de travail de 40 heures et les premiers congés payés. Il augmente les salaires et procède à des nationalisations (création de la SNCF...).

En Espagne, un autre gouvernement de front populaire doit faire face au soulèvement de l'armée. Le général Franco obtient l'aide militaire de l'Allemagne nazie et de l'Italie fasciste. Léon Blum, pressé de secourir le gouvernement légitime espagnol, préfère s'abstenir.

Hitler ne se gêne plus pour réaliser son programme de conquêtes. Il se rapproche de Mussolini, mis au ban des démocraties pour avoir attaqué l'Éthiopie, un État africain encore indépendant. Il proclame aussi le rattachement de l'Autriche au Reich (*Anschluss*). Puis il annonce son intention de réunir à l'Allemagne dès le 1er octobre 1938 les minorités germanophones qui vivent dans les Sudètes, sur le pourtour de la Tchécoslovaquie. Ses généraux sont convaincus que les Occidentaux ne se laisseront pas bluffer une fois de plus. Eux-mêmes ne se sentent pas prêts à soutenir une guerre.

Contre toute attente, Hitler gagne une nouvelle fois grâce à Mussolini qui propose une conférence de la dernière chance à Munich. Français et Anglais se résignent au dépeçage de la Tchécoslovaquie. Ce qui reste de ce petit pays devient un protectorat du Reich. C'est la première colonie en territoire européen. Les Européens, résignés, se préparent à une nouvelle guerre et beaucoup se demandent si la démocratie pìarlementaire a encore un avenir en Europe continentale où la plupart des États se sont donné des régimes autoritaires.

La Seconde Guerre mondiale

La Seconde Guerre mondiale débute avec l'invasion de la Pologne par la Wehrmacht. Cette fois, l'Angleterre et la France se sentent obligées de déclarer la guerre à l'Allemagne... mais se gardent bien de l'attaquer. Huit mois plus tard, ayant réglé leur compte aux Polonais, Hitler reporte ses efforts à l'ouest. En six semaines, ses armées envahissent les Pays-Bas, la Belgique et la France !

17 juillet 1936 : insurrection militaire en Espagne

12 mars 1938 : Hitler annexe l'Autriche à l'Allemagne (Anschluss)

30 septembre 1938 : la conférence de Munich livre la Tchécoslovaquie à Hitler

1er septembre 1939 : Hitler attaque la Pologne, début de la Seconde Guerre mondiale

10 mai 1940 : Hitler attaque les Pays-Bas, la Belgique et la France ; Churchill devient Premier ministre de Grande-Bretagne

22 juin 1940 :
armistice franco-
allemand ;
l'Angleterre reste
seule face à Hitler

22 juin 1941 :
l'armée allemande
envahit l'Union
soviétique

7 décembre 1941 :
l'aviation
japonaise attaque
la base de Pearl
Harbor

20 janvier 1942 :
les nazis planifient
à Wannsee
l'extermination des
Juifs (la Solution
finale)

Le maréchal Philippe Pétain (quatre-vingt-quatre ans), héros de la Grande Guerre, prend la tête du gouvernement français et demande l'armistice en attendant un traité de paix qui ne viendra jamais. Paris étant placé sous administration allemande, il installe son gouvernement à Vichy. Il se fait assister par un ancien leader pacifiste, Pierre Laval, partisan d'une collaboration avec le vainqueur.

L'Angleterre demeure seule face à Hitler mais elle a à sa tête, depuis le soir du 10 mai 1940, un homme d'exception, Winston Churchill (soixante-six ans). Ce guerrier-né est décidé à combattre. Électrisés par la voix et l'énergie de leur Premier ministre, les Anglais repoussent les attaques aériennes contre leur île en attendant que les États-Unis se décident à venir à leur aide. Beaucoup de dirigeants européens se réfugient à Londres d'où ils lancent des appels à la résistance. Parmi eux le général Charles de Gaulle.

Mussolini croit opportun de se rallier à Hitler et déclare la guerre à la France. Le *Führer*, sur sa lancée, envahit l'URSS. Les Soviétiques sont entraînés dans la guerre aux côtés des Anglais. De la même façon, le Japon, allié de Hitler, attaque sans crier gare la base américaine de Pearl Harbor dans l'océan Pacifique. Les Américains sont entraînés à leur tour dans la guerre aux côtés des Anglais et des Soviétiques.

Jusqu'au déclenchement du conflit, Hitler songeait à une déportation outre-mer des Juifs allemands. Les opérations militaires rendent ce projet impossible. D'autre part, avec l'intervention des États-Unis et de l'URSS, le *Führer* entrevoit une nouvelle défaite de son pays. Il décide alors d'appliquer aux Juifs et aux Tziganes d'Europe le plan d'extermination qu'il a déjà conçu pour les handicapés.

En quatre ans, six millions de malheureux périssent dans les chambres à gaz ou par d'autres moyens (famine organisée, mitraillages...). C'est le plus effroyable génocide du XXe siècle. Des informations relativement détaillées circulent dans les pays occupés et en Angleterre sur ce drame. Elles sont diffusées sur les ondes anglaises mais paraissent tellement incroyables que l'opinion préfère ne pas les entendre.

Soviétiques et Anglo-Américains engagent en 1942 la contre-offensive. Les Allemands connaissent leur première défaite à El-Alamein, en Libye, face aux Anglo-Américains soutenus de façon héroïque par un bataillon de Français. Les Alliés ne vont plus dès lors connaître de défaite.

23 octobre 1942 : première défaite allemande à El-Alamein

Une armée allemande capitule à Stalingrad, au cœur de l'URSS, au terme de la plus gigantesque bataille de l'Histoire (deux millions de victimes). Pour la Wehrmacht, c'est le début d'un reflux inexorable. Les Anglo-Américains mettent sur pied un gigantesque débarquement en Normandie afin de soulager les Soviétiques qui progressent à l'est du continent mais il faudra encore une année avant que les Allemands ne capitulent ainsi que les Japonais. Ces derniers ne se résignent à la capitulation qu'après les bombardements atomiques d'Hiroshima et de Nagasaki.

31 janvier 1943 : reddition allemande à Stalingrad

Quand les canons se taisent enfin, l'Allemagne et une grande partie de l'Europe centrale et orientale sont en ruine. Environ quarante millions de victimes manquent à l'appel, dont une grande majorité de civils : résistants, déportés ou victimes des bombardements de cités. Incrédules, les soldats alliés découvrent les camps d'extermination. L'horreur conduit les vainqueurs, fait sans précédent, à traduire devant un tribunal international les dirigeants nazis survivants (Hitler et quelques autres se sont suicidés avant d'être capturés).

7-8 mai 1945 : capitulation de l'Allemagne

6-9 août 1945 : bombardements atomiques d'Hiroshima et de Nagasaki

2 septembre 1945 : capitulation du Japon

En France, le général de Gaulle relève la République. Les principaux collaborateurs des nazis sont jugés et pour certains condamnés à mort. Chacun retrousse ses manches pour renouer avec la prospérité.

IX

L'embellie européenne (1945-2010)

Après deux guerres mondiales, les Européens semblent saisis d'une frénésie de vie. La fécondité se redresse jusqu'à atteindre vers 1960 près de trois enfants par famille. À l'unisson de la croissance démographique, la croissance économique atteint des records jamais égalés : + 4 %, + 6 %, voire 8 % par an ! Le Vieux Continent se modernise et se libère du fardeau des colonies. Il ose même s'unir.

Les crises des années 1970 voient la percée du tiers-monde et le retour à des conflits de type traditionnel. Musulmans et chrétiens se déchirent au Liban. Le Vietnam établit son protectorat sur le Cambodge et le Laos. L'Érythrée rejette la domination éthiopienne. La révolution islamique en Iran illustre la montée de l'intégrisme religieux au détriment de la laïcité.

Dans les années 1980, l'Europe liquide les séquelles de la guerre froide et du communisme mais entre dans une langueur démographique et économique qui contraste avec le dynamisme de l'Asie. En ce début de IIIe millénaire, la Chine et l'Inde, que l'on croyait il y a peu vouées à la famine, puisent dans les tréfonds de leur civilisation l'énergie du renouveau. Par-delà quelques conflits plus médiatiques que meurtriers, le monde jouit d'une paix relative. Souhaitons qu'elle dure.

25 avril 1945 : conférence de San Francisco ; création de l'ONU

La guerre froide

Sans attendre la fin de la Seconde Guerre mondiale, les Alliés fondent l'Organisation des Nations unies (ONU). Pour aider l'Europe à se remettre sur pied, le général américain George Marshall annonce par ailleurs un gigantesque programme d'aide. Rajeunie et revigorée, l'Europe occidentale reprend sa place comme moteur de la planète, aux côtés des

États-Unis. Alors que les souvenirs de la guerre sont encore vifs, elle lance le projet d'une Communauté européenne du charbon et de l'acier (CECA), amorce de l'Union européenne.

Les Soviétiques et leurs satellites d'Europe centrale rejettent quant à eux l'aide américaine. À Fulton (Missouri), l'ancien Premier ministre anglais Winston Churchill met en garde l'Occident contre le risque d'une troisième guerre mondiale avec l'URSS mais la crainte d'un conflit nucléaire fatal à l'humanité dissuade chacun de commettre l'irréparable. On s'en tient à une *guerre froide*. Jusqu'à la fin des années 1980, Soviétiques et Occidentaux vont s'affronter par adversaires interposés en se gardant d'un conflit direct. Il n'empêche que l'on frôle l'apocalypse en 1962 (crise des fusées à Cuba).

5 mars 1946 : discours de Churchill à Fulton ; début de la guerre froide

19 novembre 1946 : début de la première guerre d'Indochine

Les Américains du Nord et les Européens de l'Ouest concluent une alliance et fondent l'Organisation du traité de l'Atlantique Nord (OTAN) pour prévenir un coup de force soviétique. Les Soviétiques et leurs vassaux répliquent avec le pacte de Varsovie. Un *rideau de fer* s'abat au centre de l'Europe, entre États prosoviétiques et proaméricains. En Allemagne, la zone d'occupation soviétique devient un État en soi : la République démocratique allemande (RDA).

5 juin 1947 : plan Marshall

La décolonisation de l'Asie débute mal. Le communiste Hô Chi Minh soulève les Vietnamiens contre les Français, de retour en Indochine après le départ de l'occupant japonais. Aux Indes, les Britanniques se retirent sur la pointe des pieds sans pouvoir empêcher la création d'un État artificiel, le Pakistan, composé de deux territoires à l'est et à l'ouest de l'Union indienne. La guerre éclate entre les frères ennemis, aggravée par les transferts massifs de populations. L'unité du sous-continent n'aura duré que le temps de l'occupation anglaise.

15 août 1947 : indépendance de l'Inde et du Pakistan

25 février 1948 : coup de Prague ; les communistes au pouvoir en Tchécoslovaquie

**15 mai 1948 :
proclamation de
l'État d'Israël**

**4 avril 1949 :
signature à
Washington du
traité de
l'Atlantique Nord
(OTAN)**

**1er octobre 1949 :
victoire des
communistes en
Chine**

**9 mai 1950 : Robert
Schuman et Jean
Monnet annoncent
la création de la
CECA**

**25 juin 1950 -
27 juillet 1953 :
guerre de Corée**

**23 juillet 1952 :
renversement de la
monarchie en
Égypte**

L'année suivante, à Tel-Aviv, David Ben Gourion proclame la naissance de l'État d'Israël. C'est l'aboutissement du rêve sioniste. À l'ONU, il a été prévu de partager l'ancienne province ottomane de Palestine entre cet État et un État palestinien regroupant les populations de langue arabe. Mais les pays voisins refusent ce partage et lancent leurs troupes à l'assaut du nouvel État. Les Israéliens repoussent l'agression. C'est le premier épisode d'un conflit qui n'en finit pas.

Le monde d'après-guerre achève de se mettre en place avec la proclamation par Mao Zedong, à Pékin, de la République populaire de Chine. Son adversaire Tchang Kaï-chek se réfugie sur l'île de Taïwan et y installe un gouvernement proaméricain.

Avec le soutien de Pékin, six cent mille soldats nord-coréens franchissent le 38e parallèle qui sépare leur État communiste de la Corée du Sud, pro-occidentale. C'est une première épreuve pour l'ONU. L'instance internationale, qui joue sa crédibilité, condamne l'agression et dépêche dans la péninsule un corps expéditionnaire américain sous les ordres du général Douglas MacArthur. Refoulés, les Nord-Coréens reprennent l'offensive avec l'aide massive des Chinois. MacArthur menace de recourir à l'arme nucléaire. Le président américain Eisenhower préfère jouer l'apaisement. Après de longues négociations, un armistice est signé à Pammunjon, sur le 38e parallèle, entre les deux frères ennemis. Il est toujours d'actualité. La guerre de Corée aura fait plus de deux millions de victimes.

Les Américains s'inquiètent des percées communistes en Chine et en Corée. Le sénateur républicain du Wisconsin Joseph McCarthy accuse publiquement cinquante-sept fonctionnaires du département d'État (le ministère des Affaires étrangères) de collusion avec l'Union soviétique. La *chasse aux sorcières* s'étend aux milieux du spectacle et à Hollywood. Elle prend fin en 1954, peu après la mort de Staline.

Celle-ci donne lieu à des manifestations de deuil spectaculaires dans le monde entier. Beria, l'ancien maître de la police, assure la succession et, d'emblée, fait libérer un million de personnes. À Berlin-Est et en RDA, les ouvriers croient le moment venu de réclamer de meilleures conditions de travail. La répression est brutale. À Moscou, les hiérarques, pris de peur, chassent Beria et confient à Nikita Khrouchtchev la direction de l'URSS.

Le réveil du tiers-monde

En 1952, le démographe Alfred Sauvy englobe le monde non occidental sous l'appellation « tiers-monde », en référence au tiers état de la Révolution française : le tiers-monde est manipulé par les Américains et les Soviétiques de même que le tiers état l'était par la noblesse et le clergé. Ce tiers-monde commence à sortir de deux siècles de léthargie avec le renversement du roi d'Égypte par un groupe d'*Officiers libres*, laïc et républicain. Son chef, Gamal Adbel Nasser (trente-quatre ans), se pose en champion du nationalisme arabe.

En Iran, le Premier ministre Mohammad Mossadegh est brutalement démis de ses fonctions sous la pression des Britanniques après qu'il a nationalisé les compagnies pétrolières étrangères. Cet échec de la première tentative d'émancipation d'un pays pétrolier est durement ressenti par les Iraniens comme par toutes les élites du tiers-monde.

Dans le haut Tonkin, le camp retranché de Diên Biên Phu tombe aux mains du Vietminh. Un siècle de présence française en Indochine se termine dans cette cuvette. Réunis à Genève, les adversaires s'accordent sur un partage temporaire du Vietnam en deux États séparés par le 17e parallèle, l'un, au sud, pro-occidental, l'autre, au nord, prosoviétique. Cette situation précaire va déboucher sur la guerre du Vietnam ou deuxième guerre d'Indochine.

5 mars 1953 : mort de Staline

16 juin 1953 : révoltes ouvrières en Allemagne de l'Est

19 août 1953 : le Premier ministre iranien Mossadegh chassé du pouvoir

7 mai 1954 : chute de Diên Biên Phu

17 mai 1954 : la ségrégation à l'école prohibée aux États-Unis

1ᵉʳ novembre 1954 :
Toussaint rouge
en Algérie

18-24 avril 1955 :
conférence de
Bandoeng
(Indonésie)

2 et 20 mars 1956 :
indépendance du
Maroc et de la
Tunisie

26 juillet 1956 :
Nasser nationalise
le canal de Suez

23 octobre -
4 novembre 1956 :
échec à la
démocratie en
Hongrie

5 novembre 1956 :
échec de
l'expédition de Suez

25 mars 1957 :
traité de Rome

Encouragés par l'exemple indochinois, des indépendantistes algériens commettent une série d'attentats meurtriers. C'est la *Toussaint rouge*. Le gouvernement français prend la mesure du problème l'année suivante après de sanglantes émeutes à Philippeville. Les jeunes appelés du contingent sont requis pour les *opérations de pacification*, dans une guerre qui ne dit pas son nom, brutale et bientôt très impopulaire. Tandis qu'il s'englue en Algérie, le gouvernement français accorde une pleine indépendance à ses protectorats du Maroc et de la Tunisie.

Un vent de révolte souffle sur le tiers-monde. À Bandoeng (Java), une conférence réunit vingt-neuf États pauvres d'Asie et d'Afrique. Le Yougoslave Tito, l'Égyptien Nasser et l'Indien Nehru revendiquent leur « non-alignement », à égale distance des deux super-puissances, les États-Unis et l'URSS. Signe des temps, aux États-Unis, la ségrégation à l'école est déclarée inconstitutionnelle par la Cour suprême. Le pasteur Martin Luther King entame une lutte non violente pour l'intégration des Noirs dans la société américaine.

En Égypte, le président Nasser annonce à la radio, dans un éclat de rire, la nationalisation du canal de Suez. Répliquant à son coup de force, Français et Anglais lancent une opération aéroportée sur Suez tandis que l'armée israélienne fonce à travers le Sinaï jusqu'au canal. Malgré leur victoire sur le terrain, les coalisés doivent presque aussitôt plier bagage face aux injonctions des Soviétiques et des Américains. Cet échec signe la fin de la *politique de la canonnière* de l'époque coloniale.

Les Soviétiques profitent de l'émotion causée par l'affaire de Suez pour envahir la Hongrie. Ils écrasent dans le sang une révolution démocratique. La plupart des Occidentaux sont désormais sans illusion sur la nature du régime soviétique.

Le duel États-Unis-URSS

Tandis que le tiers-monde bouillonne, l'Europe occidentale nage en pleine prospérité. À Rome, six pays dont la France et l'Allemagne fédérale fondent une Communauté économique européenne (CEE), embryon de l'Union européenne.

De l'autre côté de la Méditerranée, les Algérois, craignant d'être abandonnés par Paris, en appellent au général de Gaulle. Celui-ci met en chantier une nouvelle Constitution à tonalité présidentielle : la Ve République. Tournant le dos à ceux qui l'ont ramené au pouvoir, il prépare par ailleurs l'indépendance de l'Algérie. Douloureuse, elle surviendra quatre ans plus tard. Entre-temps, de Gaulle accorde l'indépendance aux colonies françaises d'Afrique noire. Les Britanniques et les Belges agissant de même, il ne reste bientôt plus d'autres colonies sur le continent que celles du Portugal. La transition débouche dans l'ex-Congo belge (aujourd'hui Zaïre ou RDC) sur une brutale guerre civile.

À Cuba, Fidel Castro (trente et un ans) s'empare des rênes du pouvoir. Ses options socialistes lui aliènent la sympathie des États-Unis et l'amènent à s'aligner sur l'Union soviétique. Cuba devient ainsi le premier pays communiste de l'hémisphère occidental.

La tension internationale monte d'un cran au cours de l'année 1961. La CIA américaine débarque quelques opposants au régime de Castro dans la baie des Cochons. C'est un échec piteux. À Berlin, les autorités communistes de la RDA érigent une enceinte fortifiée sur la ligne qui sépare leur zone, sous occupation soviétique, des zones sous occupation américaine, anglaise et française.

La guerre froide atteint son paroxysme avec la *crise des fusées*. À Washington, dans un discours mémorable, Kennedy met en demeure les Soviétiques de retirer les fusées à tête nucléaire installées à Cuba. Khrouchtchev s'incline. Chacun respire. La menace d'une troisième guerre mondiale s'évanouit. Pendant ce temps, l'Église fait son *aggiornamento* (adaptation au monde moderne) avec le concile Vatican II, le premier depuis près d'un siècle.

13 mai 1958 : appel des Algérois au général de Gaulle

1er janvier 1959 : Fidel Castro s'empare du pouvoir à Cuba

1960 : les colonies françaises d'Afrique deviennent indépendantes

12 avril 1961 : Gagarine fait le tour de la Terre en 108 minutes

17 avril 1961 : débarquement de la baie des Cochons

19 mars 1962 : cessez-le-feu en Algérie au lendemain des accords d'Évian

11 octobre 1962 : ouverture du concile Vatican II

22 octobre 1962 :
ultimatum de
Kennedy à
Khrouchtchev

22 novembre 1963 :
assassinat de
Kennedy à Dallas

29 juin 1966 :
premiers raids
aériens sur le
Nord-Vietnam

18 août 1966 :
révolution
culturelle en Chine

18 mars 1967 :
échouage du
Torrey Canyon

30 mai 1967 :
sécession du Biafra

5-11 juin 1967 :
guerre des Six-
Jours

30 janvier 1968 :
offensive du Têt

L'espace n'échappe pas à la compétition entre Soviétiques et Américains. Iouri Gagarine accomplit le tour de la terre en 108 minutes à bord d'une fusée *Vostok 1*. Kennedy promet en réaction qu'un Américain marchera sur la Lune avant la fin de la décennie. Assassiné à Dallas (Texas), au zénith de sa popularité, à quarante-six ans, le président ne savourera pas ce succès posthume.

L'Occident s'interroge

Le président américain Johnson, qui a remplacé Kennedy à la Maison-Blanche, déclenche de premiers raids aériens sur Haiphong et Hanoi en prenant prétexte d'un incident naval dans le golfe du Tonkin. Il s'agit d'une *escalade* décisive dans la guerre non déclarée qui oppose les États-Unis et leur allié sud-vietnamien au Nord-Vietnam.

Sur les campus de Californie, l'opposition à la guerre du Vietnam monte en puissance. Elle gagne l'Europe où beaucoup d'étudiants se prennent de sympathie pour la révolution culturelle qui débute en Chine. Les jeunes *gardes rouges*, brandissant le *Petit Livre rouge* des pensées du président Mao, ramènent le chaos dans le pays.

L'échouage du pétrolier *Torrey Canyon* dans la Manche donne le coup d'envoi des mouvements écologiques mais les critiques portent sur la pollution industrielle et la société de consommation. Il n'est pas encore question de réchauffement climatique. Dans le même temps, l'échec sanglant de la sécession du Biafra, au Nigeria, suscite des interrogations sur l'Afrique nouvellement indépendante et conduit à la création de *Médecins sans frontières*, une organisation humanitaire appelée à faire école.

La victoire d'Israël sur la coalition de ses voisins après une guerre éclair de six jours suscite l'adhésion quasi unanime des Occidentaux. Tout bascule l'année suivante, en 1968, fin de l'euphorie joyeuse et créatrice des années 1960. Les communistes lancent au Sud-Vietnam une violente offensive à l'occasion de la fête du Têt (le nouvel an vietnamien). Les troupes du pacte de Varsovie occupent la Tchécoslovaquie et mettent fin au *printemps de Prague* et à l'illusion d'un « socialisme à visage humain ». À Mexico, les jeux Olympiques, qui ont été précédés par de sanglantes répressions policières, donnent l'occasion à deux athlètes noirs des États-Unis de signifier leur révolte en levant le poing sur le podium. Les ghettos noirs des grandes villes américaines flambent. Les étudiants manifestent par ailleurs de Berlin à San Francisco en passant par Paris et Rome.

Les économies occidentales commencent à donner des signes d'essoufflement. Le président américain Richard Nixon met fin à la convertibilité du dollar. Les monnaies se mettent à flotter de façon désordonnée. Dans le même temps, la naissance discrète du microprocesseur chez Intel prépare la troisième révolution industrielle, celle de la micro-électronique et de la génétique.

Aux jeux Olympiques de Munich, un attentat palestinicn contre la délégation israélienne révèle au monde abasourdi deux réalités avec lesquelles il va devoir apprendre à vivre, le terrorisme et la Palestine.

L'Occident en crise

Le gouvernement chilien est renversé par le général Pinochet, que soutiennent les États-Unis. Le président socialiste Allende meurt dans l'attaque du palais présidentiel. Après cela, Washington ne se permettra plus d'intervenir dans un grand pays d'Amérique latine.

À la faveur de la fête juive de *Yom Kippour*, Égyptiens et Syriens attaquent l'État hébreu sur le canal de Suez et le plateau du Golan. Les Israéliens ripostent, non sans mal. Les pays arabes exportateurs de pétrole décrètent un embargo sur les livraisons aux amis d'Israël et relèvent fortement le prix du baril. Ce premier *choc pétrolier* aggrave une crise économique déjà sensible, concomi-

21 août 1968 : fin du printemps de Prague

20 juillet 1969 : Neil Armstrong pose le pied sur la Lune

17 avril 1971 : le Bangladesh se sépare du Pakistan et devient indépendant

15 août 1971 : fin de la convertibilité du dollar

15 novembre 1971 : naissance de la puce électronique

5 septembre 1972 : attentat contre des athlètes israéliens à Munich

11 septembre 1973 : mort de Salvador Allende

6 octobre 1973 : guerre du Kippour

8 août 1974 : démission de Nixon

**17 avril 1975 :
Phnom Penh vidée
de ses habitants ;
début du génocide
cambodgien**

**30 avril 1975 :
chute de Saigon et
réunification du
Vietnam**

**9 septembre 1976 :
mort de Mao
Zedong**

**16 mars 1978 :
enlèvement d'Aldo
Moro par les
Brigades rouges**

**16 octobre 1978 :
élection de Jean-
Paul II**

**1ᵉʳ février 1979 :
retour triomphal
de l'imam
Khomeyni à
Téhéran**

**26 mars 1979 :
traité de paix
israélo-égyptien**

**27 décembre 1979 :
les Soviétiques
envahissent
l'Afghanistan**

tante d'un effondrement de la fécondité dans les pays européens.

Le président Nixon met un terme à l'engagement américain au Vietnam. Mais, reconnu coupable de machination, il démissionne sans attendre d'y être contraint par le Sénat. Quelques mois plus tard, l'entrée des troupes nord-vietnamiennes à Saigon, rebaptisée Hô Chi Minh-Ville, est ressentie aux États-Unis comme une humiliation supplémentaire.

En Allemagne et en Italie, le rêve libertaire de 1968 dégénère en attentats terroristes. Ces *années de plomb* culminent avec le meurtre du leader italien Aldo Moro. L'élection d'un pape polonais sous le nom de Jean-Paul II ravive cependant l'espoir de l'autre côté du *rideau de fer*.

Derniers soubresauts de la guerre froide

Dans la foulée de la victoire communiste au Vietnam, les *Khmers rouges* entrent à Phnom Penh et vident la capitale cambodgienne de ses habitants. Il s'ensuit au Cambodge un million de morts, victimes du premier génocide depuis la fin de la Seconde Guerre mondiale.

Les Iraniens chassent le *chah* et se donnent une république islamique sous l'égide de l'imam Khomeyni. Il s'ensuit un deuxième *choc pétrolier* et un ralentissement de la croissance économique mondiale, ainsi qu'un regain d'activisme religieux dans le monde musulman. Cela ne dissuade pas Anouar el-Sadate de signer la paix avec le Premier ministre israélien Menahem Begin, avec l'assistance de l'Américain Jimmy Carter. Le président égyptien paiera son courage de sa vie. Il sera tué deux ans plus tard par un fanatique islamiste.

L'Irakien Saddam Hussein veut profiter des luttes entre factions iraniennes pour abattre le régime de Khomeyni. Il envahit le pays avec le soutien des Occidentaux et de l'URSS, cependant qu'Israël soutient en sous-main l'Iran. Le régime islamiste se ressaisit.

Il va repousser l'agression au terme de huit ans de guerre et deux millions de morts. De leur côté, les Soviétiques envahissent l'Afghanistan pour y établir un gouvernement communiste à leur dévotion. Cette résurgence tardive de la *guerre froide* leur sera fatale.

À l'autre extrémité de l'Empire soviétique, les Polonais du syndicat *Solinarność* se rebellent avec le soutien de Jean-Paul II. L'état de guerre n'empêche pas le pouvoir communiste de s'effriter. Dans un sursaut, les gérontes du Kremlin annoncent le déploiement de missiles nucléaires *SS-20* dirigés vers l'Europe de l'Ouest. L'OTAN menace de riposter avec des *Pershing*. Incapables de suivre les Américains dans cette « guerre des étoiles », les Soviétiques battent en retraite.

Nouvel homme fort de l'Union soviétique, Mikhail Gorbatchev (cinquante-cinq ans) comprend la nécessité de réformer le régime en profondeur. Il démocratise à grande vitesse les institutions et organise le retrait d'Afghanistan. La catastrophe de la centrale nucléaire de Tchernobyl rappelle s'il en est besoin le délabrement du pays.

À l'épreuve de la mondialisation

1989 apparaît *a posteriori* comme l'année clé de la fin du xxᵉ siècle. Les pays d'Europe centrale rejettent l'un après l'autre le pouvoir communiste et au cours d'une nuit d'enthousiasme débordant, les Berlinois mettent à bas le *Mur de la honte*. L'Allemagne scelle un peu plus tard sa réunification cependant qu'implose l'Union soviétique.

La fin du système communiste étend la démocratie à presque tout le *Vieux Continent* mais ramène aussi la guerre avec le bombardement de Sarajevo par les Serbes. L'Europe se morcelle à n'en plus finir.

Au Moyen-Orient, l'Irak de Saddam Hussein est attaqué par une coalition internationale pour avoir annexé l'émirat du Koweït. Écrasé par la guerre et les sanctions, le pays sombre dans le dénuement et le chaos.

22 septembre 1980 : l'Irak attaque l'Iran

5 juin 1981 : première publication sur le sida

13 décembre 1981 : proclamation de l'état de guerre en Pologne

11 mars 1985 : Gorbatchev devient secrétaire général du PCUS

25 avril 1986 : catastrophe de Tchernobyl

9 novembre 1989 : chute du mur de Berlin

17 janvier 1991 : attaque de l'Irak par une coalition internationale

6 avril 1992 : siège de Sarajevo par les Serbes

**6 avril 1994 :
génocide au
Rwanda**

Meurtrie par des coups d'État et des guerres civiles à répétition, l'Afrique noire est le théâtre du dernier génocide du XXe siècle. Au Rwanda, des extrémistes *hutu* entreprennent d'exterminer à coups de machette la minorité *tutsi* (10 % de la population) et les *Hutu* modérés. Le massacre fait huit cent mille victimes en trois mois. Il est suivi d'un embrasement dans la région des Grands Lacs africains : trois à cinq millions de morts à ce jour.

La fin du « monde européen »

Sur la Terre, qui compte en ce début de IIIe millénaire six milliards d'habitants (un milliard six cents millions vers 1990), les Européens ne représentent plus que 13 % du total (26 % vers 1900). La percée économique de l'Asie des moussons et du monde chinois met fin à un demi-millénaire de prépondérance européenne et occidentale. Un nouveau chapitre de l'Histoire de l'humanité est en train de s'ouvrir.

**11 septembre 2001 :
attentats du World
Trade Center et du
Pentagone**

Le XXIe siècle débute avec les spectaculaires attentats contre le *World Trade Center* (New York) et le *Pentagone* (Washington), perpétrés par l'organisation islamiste al-Qaida (trois mille victimes). Les Américains frappés de stupeur obtiennent de l'ONU une expédition punitive contre l'Afghanistan, devenu le refuge des islamistes depuis le départ des Soviétiques.

**10 février 2003 :
répression
meurtrière d'une
rébellion au
Darfour (Soudan)**

**20 mars 2003 :
invasion de l'Irak**

Le président américain Bush Jr veut en profiter pour régler aussi un vieux contentieux avec Saddam Hussein, bien que celui-ci figure en Orient parmi les plus fermes adversaires des islamistes. C'est ainsi qu'avant d'avoir pu « nettoyer » le réduit afghan, l'armée américaine doit se redéployer en Irak. Le pays plonge dans un chaos meurtrier tandis que l'organisation al-Qaida se réfugie dans les zones tribales du Pakistan, un pays fragile de cent cinquante millions d'habitants dont 20 % de chiites, par ailleurs détenteur de la bombe atomique.

**3 août 2005 :
élection
d'Ahmadinejad
en Iran**

Au centre de la zone, l'Iran, bien qu'en voie de modernisation accélérée, continue d'être ostracisé par les États-Unis et retourne à ses vieux démons khomeynistes. Il s'ensuit l'élection d'un extrémiste, Mahmud Ahmadinejad, et sa réélection controversée quatre ans plus tard. Le président affiche son intention de doter son pays de la bombe nucléaire, avec le risque que plusieurs autres puissances moyennes suivent cet exemple.

C'est un tout autre spectacle qu'offre la Chine avec l'ouverture des jeux Olympiques de Pékin. Cette réussite exemplaire illustre le décollage économique phénoménal de l'Extrême-Orient ainsi que de l'Union indienne depuis la fin du siècle précédent, avec des taux annuels de croissance d'environ 10 %. L'Asie devient l'atelier du monde à mesure que se désindustrialisent l'Europe et les États-Unis.

8 août 2008 : ouverture des jeux Olympiques de Pékin

Les Américains semblent prendre la mesure de la mutation en cours en portant à la présidence un métis, Barack Hussein Obama, brillant reflet d'un pays multiracial. Il s'efforce de désengager l'armée américaine des bourbiers afghan et irakien. Il met en place une forme de sécurité sociale comme il en existe en Europe pour réduire le coût, les abus et l'inefficacité du système de santé privé. Dans le même temps, les États-Unis, après deux décennies d'euphorie financière, sont frappés par une crise du crédit, la *crise des subprimes*. Celle-ci frappe par ricochet l'Europe occidentale.

4 novembre 2008 : élection d'Obama aux États-Unis

En mai 2010, coup de tonnerre : la Grèce, au bord de la faillite, doit faire appel au FMI (Fonds monétaire international). Les espoirs nés de la construction européenne et de l'euro se dissipent. Une page se tourne.

Malgré ces bouleversements géopolitiques, la décennie 2001-2010 apparaît significativement comme la moins violente depuis 1840, d'après le nombre de décès dus à la violence d'État (guerres, terrorisme, famines provoquées) : nettement moins d'un million contre deux millions ou bien davantage dans toutes les décennies antérieures. Si ce n'était l'inconnue du changement climatique, ce constat nous donne des motifs d'espérer un avenir meilleur.

Librio

773

Composition Nord Compo
Achevé d'imprimer en Italie par ⬈ Grafica Veneta
en février 2011 pour le compte de E.J.L.
87, quai Panhard-et-Levassor, 75013 Paris
Dépôt légal février 2011
EAN 9782290029978

Diffusion France et étranger : Flammarion